Friedrich Gerstäcker

Das Hintergebäude

Erzählung

Friedrich Gerstäcker

Das Hintergebäude
Erzählung

ISBN/EAN: 9783743326019

Hergestellt in Europa, USA, Kanada, Australien, Japan

Cover: Foto ©ninafisch / pixelio.de

Manufactured and distributed by brebook publishing software
(www.brebook.com)

Friedrich Gerstäcker

Das Hintergebäude

Das Hintergebäude.

Erzählung

von

Fr. Gerstäcker.

Leipzig,
Ernst Julius Günther.
1873.

Erstes Kapitel.

Im Restaurationsgarten.

Danneburg war eine alterthümlich gebaute Stadt von etwa zwanzig bis zweiundzwanzigtausend Ein= wohnern, mit vielen Resten früherer Festungswerke und einem Regierungssitz, lag aber ziemlich abseits von dem Hauptverkehr des Landes, da sich die Eisenbahn etwa anderthalb Meilen seitwärts durch das niedere fruchtbare Thal zog und dem Ort nur eine Poststation ließ, um mit der übrigen Welt in Verkehr zu bleiben.

Den Namen hatte die Stadt von der alten Burg bekommen, deren pittoreske Trümmer noch jetzt an der Nordseite emporragten und den unten dahin fließenden kleinen Strom hoch überragten. Die Festungswerke mußten früher auch einen nicht unbedeutenden Flächen= raum eingenommen haben und schon deshalb zogen

Gerstäcker, Das Hintergebäude.　　　　1

sich wohl friedliche Städter in größerer Zahl unter den Schutz der Mauern zurück, um gegen das Land durchstreifendes Raubgesindel oder die Schwärme kleiner Barone (Beides sehr häufig gleichbedeutend) geschützt zu sein. Damals suchte man auch vorzugsweise die Höhen, denn die Verkehrswege führten überall hin; jetzt dagegen war Danneburg durch die Eisenbahn um= gangen und die natürliche Folge davon blieb, daß die Stadt nicht allein nicht wuchs, sondern eher noch in ihrer Einwohnerzahl zurückging.

Einen eigenthümlichen sowohl als auch einen wohlthuenden Eindruck machte Danneburg aber auf den Besucher, besonders wenn er direct aus einer der Metropolen kam, nicht allein durch das Malerische seiner ganzen Lage und Umgebung, nein, auch durch das Wohnliche und Behagliche, was sich überall und unverkennbar kund gab. Die Bauart der kleinen Stadt war allerdings unregelmäßig genug und bunt durch= einander gewürfelt. Es gab wohl eine große Zahl massiver grauer Steinhäuser, mit riesigen eisernen Dach= rinnen, mit breiten steinernen Treppen vor den Haus= thüren und zahlreicher oft grotesker Steinhauerarbeit zwischen den Fenstern, dann aber fand man auch ganze Straßen wieder aus Fachwerk errichtet, mit vorragen= den oberen Etagen, so daß es bei manchen genau so

schien, als ob sie nur auf eine günstige Gelegenheit
warteten, um kopfüber in die Straße zu stürzen. Diese
zeigten denn auch noch meistens kleine niedere Fenster,
manche sogar noch mit bleieingefaßten runden Schei=
ben und alle trugen durch die Jahre fast geschwärzte
Ziegeldächer. Aber wie eine Erinnerung aus der Ju=
gendzeit heimelte uns der alte Thorwächter mit dem
Stelzfuß und ein paar Polizeidiener in einer Art von
Stadtsoldatenuniform an, die aber mehr patriarchali=
schen als andern Werth besaßen und mit der ganzen
Welt im größten Frieden zu leben schienen. Der Herr
Bürgermeister war die geachtetste Persönlichkeit, die
Frau Bürgermeisterin die erste Frau der Stadt. Die
Beamten grüßten sich untereinander genau nach ihrem
Rang; die Vorgesetzten ihren Vorgesetzten, daß der
Hut über den Boden wegfegte, bis er an der andern
Seite wieder heraufkam, Gleichgestellte achtungsvoll,
Untergebene hochnasig; kurz, die Herren in Danneburg
lebten noch so unschuldig in die Welt hinein, als ob
es keine Eisenbahnen und Telegraphen und keine Dampf=
kraft auf der Welt gäbe.

Gemüthlich aber wurde das Leben, wenn sich an
schönen Abenden die Sonne ihrem Untergang neigte
und die Frauen der Mittelklassen, in schneeweißen
Mützen und Schürzen, mit ihrem Strickstrumpf oder

sonstiger Arbeit auf die Straße kamen, sich auf die
steinernen Bänke vor den Häusern setzten und zusammen plauderten oder gemeinschaftlich die vor ihnen
herumtollenden Kinder überwachten. Gefahr, durch
übermäßiges Fahren heißblütiger Droschkenpferde ge-
schädigt zu werden, gab es dabei auch nicht einmal,
denn Danneburg besaß — und selbst diese als staunens-
werthe Neuerung — nur erst vier oder fünf Droschken,
die sich aber strengem Befehle nach nur in einem „sanften
Trab" durch die Straßen der Stadt bewegen durften.

Fremde kamen selten nach Danneburg, einzelne
Handlungsreisende ausgenommen, die für das oder
das Haus in den oder den Artikeln „machten". Diese
aber reisten auch noch in der alten ehrwürdigen Art,
in der ihre Urväter das gleiche Geschäft betrieben:
nämlich in einem Einspänner, mit dem sie in der
„Krone" oder im „Goldenen Löwen", den beiden
einzigen anständigen Wirthshäusern, abstiegen und
die eingeborenen Stammgäste des alten Orts durch
überraschende Kartenkunststücke und unanständige Anek-
boten in Erstaunen setzten.

Das Gasthaus „Zum goldenen Löwen", das am
Marktplatz lag, war eigentlich das eleganteste und
durch einen nothwendig gewordenen Neubau auch mehr
in dem neuern Styl angelegt, aber die „Krone" wurde.

trotzdem mehr besucht, da sich ein, wenn auch rings
von Häusern eingeschlossener, aber ziemlich geräumiger
Garten dabei befand, der besonders im Sommer mit
seinem vorzüglichen eingeführten bayrischen Bier die
Gäste anlockte.

Trat man aus der Hinterthür des Gasthofs in
den Garten, so zog sich links eine mit regendichten
Dächern versehene Laubenreihe hin, den Gästen auch
bei nassem Wetter das Sitzen im Freien gestattend.
Nach rückwärts lag ein anderer Garten mit sehr hohen
schattigen Bäumen, nach rechts zu der schmale, zum
Hotel gehörende Hof, der dann auf der andern Seite
durch ein altes, breites und wunderlich genug aus-
sehendes Hintergebäude abgeschlossen wurde.

Auf architektonische Schönheit machte dieses, aus
drei Stockwerken bestehende, aber sehr ausgedehnte
Hintergebäude wohl kaum einen Anspruch. Es hatte
allerdings sechszehn oder achtzehn Fenster, aber nicht
etwa in Reihen geordnet, oder auch nur von einer
Größe, sondern nur wie wild und bunt über die Wand-
fläche hingestreut und von allen Formen und Dimen-
sionen. Da gab es kleine viereckige, langgezogene,
größer wie für einen Salon bestimmt, und dann wieder breitgedrückte, wie man sie vielleicht oben in einem
Keller oder Pferdestall anbringt. Die meisten derselben

waren auch durch Staub und Spinneweben förmlich
undurchsichtig geworden und schienen in den morschen
Rahmen nur zu hängen; hinter anderen bemerkte man
aber wieder Rouleaux, die aber nie aufgezogen oder
zurückgeschlagen wurden. Ueberhaupt hatte noch Nie=
mand dort ein Fenster öffnen sehen, wenn ja irgend
Jemand darauf geachtet. Wer bekümmerte sich um
das alte Hintergebäude? Die Bewohner von Danne=
burg sicher nicht und lange Jahre schon stand es in
der nämlichen Verfassung, in der es sich gegenwärtig
befand. Lag aber dem Eigenthümer nichts daran, es
wohnlich und praktisch herzurichten, wem sonst gingen
die alten Räumlichkeiten etwas an.

Es war ein prachtvoller Herbsttag, klar und son=
nig und eben frisch genug, um den Körper nach einem
fast überheißen Sommer wieder zu stählen und zu
kräftigen. Die Blätter der einzelnen im Garten stehen=
den großen Kastanien fingen schon an abzufallen; der
Rauch der benachbarten Schornsteine stieg kerzengrad
in die blaue Luft hinauf, durch die in milchweißen
Flocken der sogenannte „alte Weiber=Sommer" seine
Fäden zog, und über den Häusern der Stadt strichen
die Schwalben in massenhaften Schwärmen hin und
wieder, und bereiteten sich augenscheinlich zu ihrer
nächsten großen Reise vor.

Es mochte zehn Uhr Morgens sein und der „Kro=
nengarten" war noch nicht besucht, einmal schon der
etwas frischen Witterung wegen, was die gewöhnlichen
Frühstücksgäste veranlaßte, die wärmere Restauration
aufzusuchen, und dann auch wohl der noch etwas sehr
frühen Stunde wegen. Nur ein einzelner junger Frem=
der, in einen grauen losen Ueberrock eingeknöpft, einen
ebensolchen breitrandigen Filzhut etwas seitwärts auf
dem Kopfe, die Cigarre im Munde und ein Glas Bier
neben sich auf dem nächsten Tisch, saß verkehrt und
rittlings auf einem der hölzernen Gartenstühle, hatte
beide Arme auf die Rücklehne gestützt und schien voll=
ständig mit seinen eigenen Gedanken beschäftigt. Er
starrte wenigstens, ohne sich weiter um etwas Anderes
zu bekümmern, nur immer unverwandt nach dem alten
Hintergebäude hinüber und drehte den Kopf dabei we=
der rechts noch links.

Noch ein anderer Gast betrat jetzt den mit Bäu=
men bestandenen Gartenraum, schien aber nicht die
Absicht zu haben, sich zu setzen. Er ließ sich sein Bier,
das ihm der Kellner nachbrachte, auf irgend einen der
dortigen Tische stellen und schritt dann, beide Hände
in den Taschen, auf dem breiten Kieswege langsam
hin und her. Den anderen Gast beachtete er gar nicht,
ebensowenig wie dieser von ihm Notiz genommen hatte,

und nur, wenn ihn der Rückweg auf seinem Spazier=
gange so führte, daß er ihn vor sich bekam, flog sein
Blick ein paar Mal über ihn hin. Zuerst geschah das
auch vollkommen gleichgültig, jetzt aber haftete er auf=
merksam auf dem Fremden. Er mußte in der wenn
auch von ihm abgewandten Gestalt desselben doch etwas
entdeckt haben, was ihm bekannt vorkam, und um sich
zu überzeugen, änderte er jetzt seine frühere Richtung,
ging seitwärts an ihm vorbei, und bekam ihn kaum
im Profil, als er auch schon im nächsten Augenblick
ausrief:

„Thiodolf! Ist es denn möglich? Wie um des
Himmels Willen kommst Du hierher nach Danneburg
und in diese abgelegene Gegend?"

Der junge Fremde schaute überrascht empor. „Karl
Bomeier", rief er aufspringend und dem Freund die
Hand hinüberreichend, „Dich hätte ich hier nicht zu
finden erwartet!"

„Mich nicht hier?" lachte Bomeier, „und doch
wäre es der einzige Platz, wo Du mich finden konn=
test, wenn Du mich gesucht, denn ich wohne nicht allein
hier, sondern bin hier sogar verheirathet."

„Was?" rief der junge Mann, den Bomeier mit
Thiodolf angeredet, „Du verheirathet? Und hier in
Danneburg, wo sich die Füchse gute Nacht sagen, das

muß ja eine ganz romantische Geschichte sein. Karl, Karl, Du hattest immer ein wenig Anlage zur Schwärmerei."

Es schien fast, als ob Bomeier ein wenig verlegen und sogar roth würde, aber ausweichend antwortete er:

„Nun, so abgeschieden liegt Danneburg nun auch nicht von der Welt und ich gebe Dir mein Wort, es ist ein ganz freundlicher Ort. Wir bilden uns hier unsere eigene kleine Welt und ich wenigstens befinde mich wohl. Außerdem habe ich aber auch hier mein Geschäft."

„Du, ein Geschäft?" lachte Thiodolf laut auf, „und welches, wenn man fragen darf?"

„Ich bin Photograph geworden", erzählte Jener, „mit der Malerei wollte es nicht so recht gehen; ich verdarb eine Menge Leinwand und machte, da ich mich, wie Du weißt, mehr der Idylle zugewandt, wirklich idyllische, aber keine reellen Geschäfte. Die Leute fanden meine Gemälde recht hübsch und besonders — ein ganz verzweifelter Ausdruck — „zart gedacht", kauften aber nichts, und mit Ausnahme von einzelnen, die ich mit in eine Verloosung brachte, behielt ich den Vorrath auf Lager. Da lernte ich hier in Danneburg, wohin ich auf einer Streiftour nach Studien kam, meine jetzige Frau, die Tochter eines Photographen

kennen. Der Vater war alt und kränklich und brauchte
eine Hilfe; die Tochter gewann mich lieb und da sitze
ich jetzt, habe mich in die außerdem nicht sehr schwere
Sache tüchtig hineingearbeitet und mit nicht zu großer
Concurrenz fast mehr oder doch ebensoviel Arbeit als
ich liefern kann."

„Also statt idyllischen Gemälden eine idyllische
Häuslichkeit?"

„Bester Freund", sagte Bomeier und wieder war
es, als ob sich seine Schläfe etwas färbten. „was
wir jungen Leute in schwärmerischer Jugendzeit unter
Idyll der Ehe verstehen, oder wie wir es uns denken,
schwächt sich doch etwas ab, wenn man erst Frau und
Kinder und die Pflicht überkommen hat, auch das täg=
liche Brod herbeizuschaffen. Die Wirklichkeit entspricht
da nicht immer unserer Phantasie und das ist auch
recht gut, denn mit dem Schäferstab in der Hand sind
wir in unserer hausbackenen und anspruchsvollen
Zeit doch nicht mehr im Stande, das Leben zu ver=
träumen."

„Ich hoffe doch nicht, daß Du ein richtiger Phi=
lister geworden bist, Karl?"

„Gewissermaßen doch ein wenig; wir werden
es Alle mit einander, mehr oder weniger natürlich,
wenn wir erst einmal in das bürgerliche Leben treten,

und unseren früheren Neigungen nicht mehr so folgen können. Ich rechne mich gerade nicht mehr zu den Künstlern, aber ich habe doch noch ein warmes Herz für die Kunst behalten; außerdem lebe ich sorgenfrei, ja befinde mich sogar in leiblich guten Verhältnissen, so daß ich den Schritt, den ich gethan, nicht zu bereuen brauche — und das will schon manchmal viel sagen. Nun aber, Thiodolf", brach er ab, „genug von mir, was treibst Du? Welcher Wind hat Dich in diese, wie ich gern zugeben will, etwas abgelegene Gegend geweht? War es ein Zufall oder ein bestimmtes Ziel; willst Du Dich, selber ein Architekt, an den architektonischen Schönheiten oder Wunderlichkeiten unserer Stadt erfreuen? — und dazu fändest Du hier aller= dings reichliche Gelegenheit, oder führt Dich eben= falls ein praktischer Zweck, vielleicht ein Auftrag hier= her zu uns?"

Thiodolf schüttelte den Kopf; „das Letztere nicht", sagte er lächelnd, „so weit bin ich noch nicht, um irgend wohin berufen zu werden. Aber es lebt mir hier ein alter Onkel, der schon seit Jahren an meine Mutter, seine Schwester schrieb, daß er mich einmal zu sehen wünsche."

„Und wie heißt er?"

„Vielleicht kennst Du ihn. Es ist der pensionirte

Stadtschreiber Sachte, der in der Burgstraße ein klei=
nes, aber recht freundliches Häuschen hat."

„Der Stadtschreiber?" rief Bomeier rasch, „gewiß
kenne ich ihn; es ist noch ein Ueberbleibsel aus der
alten Zeit. Uebrigens soll er nicht unbemittelt sein,
wenn er sich auch äußerlich gerade nichts merken läßt.
Wohnst Du bei ihm? — doch natürlich."

„Ja, schon seit vier Tagen und ich komme nur
jeden Morgen hierher, theils um ein Glas Bier zu
trinken, theils um — Du wirst mich auslachen — mir
das alte wunderlich und scheinbar zusammengewürfelte
Hintergebäude da drüben zu betrachten, das mit seiner
verwickelten Bauart einen ganz eigenen Reiz auf mich
ausübt."

„Das alte Gemäuer da drüben?" lachte Bomeier,
— „na, verwittert genug sieht es aus, und ein neuer
Anputz könnte ihm schwerlich schaden, aber ich begreife
nicht recht, wie sich ein Mensch dafür interessiren kann."

„Und weshalb nicht?" warf Thiodolf ein. „Die
ersten Tage beschäftigte ich mich damit, und betrachtete
es dabei wie eine Art von Rebus, um herauszube=
kommen, wie es im Inneren gebaut sein könne, und
alle diese kreuz und quer geworfenen Fenster zu ver= ·
werthen, oder nur zu erreichen, und wenn ich aufrich=
tig sein will, so bin ich selbst jetzt noch nicht mit mir

darüber im Reinen, aber babei doch dahinter gekom=
men, daß einzelne Theile besselben sogar bewohnt sind."

„Es sieht nicht barnach aus", sagte Bomeier mit
bem Kopf schüttelnd.

„Doch", entgegnete ber junge Architekt, „siehst
Du ba brüben in bem zweiten Stockwerk, wenig=
stens in ber Höhe, in ber bieses liegen müßte, benn
von Stockwerken ist an ber ganzen Wand überhaupt
keine Rebe, — bas lange, schmale Fenster, vor bem
bie alte verschossene und burchlöcherte Garbine hängt,
gleich unter ber Fensteröffnung, bie so aussieht, als
ob sie in einen Keller führte?"

„Ja, ganz Recht. Nun?"

„Gestern Morgen um bie nämliche Zeit etwa,
als ich hier an berselben Stelle saß, bewegte sich bie
Garbine an bem Fenster bicht baneben ganz beutlich."

„Vielleicht ber Zug einer zerbrochenen Scheibe."

„Nein, bas untere Enbe wurde langsam von einer
Hand zurückgeschoben und gehalten und gleich barauf
sah ich etwas Bleiches, was ein menschliches Gesicht
gewesen sein muß, wenn auch bie trübe Scheibe ver=
hinderte, Weiteres zu erkennen. Es war fast, als ob
Jemanb, ber eingeschlossen wurde, auch einmal in's
Freie schauen wollte und sich bann langsam und wie
ungern wieder zurückzog. Nach Verlauf einer kleinen

halben Stunde wiederholte sich das dann noch einmal, doch hob sich diesmal der Vorhang nur sehr wenig, als ob der dahinter Stehende nicht gesehen werden wolle."

Bomeier zuckte die Achseln. „Mit einiger Phantasie", sagte er, „ist nichts leichter, als sich allerhand hübsche Geschichten auszumalen, das Wahrscheinliche aber bleibt, daß irgend wer da drüben, von irgend welcher Treppe aus, die alte Gardine im Hinterhaus einmal gelüftet hat, daß aber Jemand dort wohnt, glaub' ich im Leben nicht."

„Da bewegt sich die Gardine schon wieder!" rief Thiodolf, der indeß kein Auge von dem alten Gebäude verwandt hatte, indem er mit dem Arme hinüberdeutete. „Jene Räume sind wahrhaftig bewohnt!"

„Und wenn es wirklich so wäre", sagte Bomeier, „was kann uns das kümmern? Wir kennen die Leute doch nicht."

„Du hast Recht", sagte Thiodolf, „und trotzdem weiß ich nicht, wie es kommt, aber ich fühle ein merkwürdiges, mir selber unerklärliches Interesse für das Geheimniß, das jene Räume birgt. Ja selbst Nachts träum' ich davon und durchwandere im Geist jene, wirr von Treppen und schmalen Gängen durchzogenen Baulichkeiten."

„Aber, bester Freund", lachte Bomeier in seiner
viel mehr praktischen Natur, wenn er gleich für das
Idyllische in der Malerei schwärmte, „woher weißt
Du überhaupt, daß jene Räume irgend ein Geheimniß
bergen? Hier in Danneburg ist gar nichts geheim; es
giebt hier nicht einmal einen geheimen Hofrath. Daß
Dich das Gebäude interessirt, ist mir jetzt erklärlich,
wenn Du mir sagst, daß Du ein paar Mal davon
geträumt hast, denn wir vermischen dann im Geist
Traum und Wahrheit mit einander und unsere Ge=
danken fliegen schon unwillkürlich dahin zurück. Wenn
wir übrigens wissen wollen, wer da drüben in dem
alten Neste wohnt, so brauchen wir ja nur hinüber zu
gehen und zu fragen oder uns die Zimmer selber an=
zusehen."

„Und glaubst Du wirklich, daß das möglich wäre?"
frug Thiodolf rasch.

„Gewiß — und warum nicht? Sobald wir nur
die Absicht vorschieben, vielleicht das Haus kaufen oder
miethen zu wollen, so wird man uns bereitwilligst
überall herumführen. Danneburg ist, wie gesagt, nichts
weniger als ein geheimnißvoller Ort, sondern im Ge=
gentheil das größte Klatschnest, das es vielleicht auf
der Welt gibt, und wenn dort Jemand irgend etwas
Verborgenes halten wollte, so hätten es die älteren

Damen von Danneburg, darauf gebe ich Dir mein Wort, schon längst ausgefunden."

Thiodolf antwortete nicht gleich; sein Blick haftete noch immer gedankenvoll an dem alten Hause.

„Es ist eine zu tolle Bauart", sagte er endlich, durch die Bereitwilligkeit seines Freundes, ihn dort hinüber zu führen und ihm die Räume zu zeigen, doch etwas ernüchtert, „und ich werde mir morgen meine Zeichnenmappe mit herbringen und es zur Erinnerung aufnehmen."

„Aber, bester Freund", rief Bomeier, „das kann ich Dir bequemer machen! Ich wohne nur eine kurze Strecke von hier entfernt, dort hinaus in der Klosterstraße und hole einfach meinen Apparat herüber. Er ist gerade für solche Aufnahmen in bester Ordnung, da ich morgen daran gehen wollte, eine Sammlung einzelner, hiesiger Bauwerke zusammenzustellen. Da paßt das mir ebenfalls, und Du hast mich eigentlich erst darauf aufmerksam gemacht. Das alte verrückte Hintergebäude nehme ich, als Gegensatz, einfach mit in die Sammlung auf, denn je mehr ich es jetzt betrachte, desto eigenthümlicher kommt es mir selber vor Es ist jedenfalls der Typus verdorbenen Geschmacks oder bodenloser Liederlichkeit in der Ausführung, und verdient schon deshalb einen Platz in der Sammlung."

„Und wann willst Du daran gehen?"

„Gleich nach Tisch oder morgen früh. Ich habe nur noch einige Kleinigkeiten zu besorgen. Uebrigens können wir uns vorher noch einmal umschauen, zu welchen Fronthäusern diese Hintergebäude, und wem sie gehören. Kommst Du Nachmittags wieder hier= her?"

„Ich hole Dich am besten ab, wenn Dir das recht ist."

„Hm, ja", sagte Bomeier, aber wie es schien etwas verlegen. „Ich würde Dich auch bitten, heute Mittag bei mir vorlieb zu nehmen, nur weiß ich nicht —".

„Herzlichen Dank, bester Freund!" rief Thiodolf rasch, „das nehme ich mit Freuden an, denn allein treibe ich mich nicht gern zur Tischzeit in einem Wirths= haus herum, und bei uns zu Hause ist heute gerade große Wäsche. Das ganze Haus riecht wie warme Seifenlauge, und mein verehrter Onkel, der Herr Stadt= schreiber, dem ein alter Drache von Haushälterin die Wirthschaft führt, hat mir schon angedeutet, daß ich heute, wenn ich mich nicht selber unterbrächte, schwerlich etwas Anderes als Kartoffeln und Hering zu Hause finden würde."

„Hahaha", lächelte Bomeier, aber doch nicht ganz ungezwungen, „ich fürchte fast, wir haben heute auch

nicht viel mehr. Da kämst Du gerade aus dem Re=
gen in die Traufe."

„Aber doch keine Wäsche!"

„Verbürgen kann ich es nicht, es roch mir heute
Morgen selbst verdächtig."

„Na", lachte Thiobolf, „dann kann ich meinem
Geschick eben nicht entgehen. Zu anderer Zeit hätte
es der Onkel vielleicht nicht gern, wenn ich mich los=
machte, und wir plaudern dann wenigstens ein Stünd=
chen zusammen von alten Zeiten."

Thiobolf hatte dabei, in dem eigenthümlichen In=
teresse, das er an dem alten Hintergebäude nahm, den
Blick wieder unwillkürlich dorthin gerichtet, und es
entging ihm dadurch vollkommen, daß Bomeier nichts
weniger als entzückt von der Aussicht einer gemüth=
lichen Plauderstunde schien; aber er war auch zu schüch=
tern, das Ganze kam ihm überhaupt zu rasch und un=
vorbereitet, um einen ernstlichen Einwand dagegen zu
erheben. Er war, mit einem Wort „hineingefallen"
und fand in dem Augenblick keine mögliche Entschul=
digung, um sich wieder in anständiger, und besonders
freundschaftlicher Weise herauszuziehen. War er selber
doch früher so oft in Thiobolfs väterlichem Haus, und
stets als gerngesehener Gast aus= und eingegangen.
Eine direkte Abweisung brachte er deshalb nicht über

die Lippen, aber düstere Vorahnungen eines idyllischen Gewitters in seiner Häuslichkeit lagerten ihm auf der Seele.

„Hast Du jetzt noch etwas vor, Karl?" sagte Thiodolf, immer aber nur mit seinem alten Ziel vor Augen, „oder können wir vielleicht jetzt gleich einmal dahingehen und uns erkundigen, wem das Haus gehört?"

„Ja, bester Freund, von Herzen gern", sagte Bomeier, dem indessen eine Fülle von Gedanken durch den Kopf schoß, „ich möchte nur vorher einen Sprung nach Hause gehen, um dort einige kleine Anordnungen zu treffen."

„Doch nicht etwa des Diners wegen?" lachte Thiodolf, „wenn ich eine Ahnung hätte, daß ich Dich nur im Geringsten genirte —".

„Aber, bester Freund", wehrte Bomeier mit einem verzweifelten Versuch zu lächeln, ab, „wie kannst Du nur so etwas glauben. Du wirst freilich sehr vorlieb nehmen müssen."

„Ach was, red' mir nicht davon", sagte Thiodolf, „ich komme doch nicht des Essens wegen zu Dir, sondern nur, um mit Dir zu plaudern und Deine junge Frau kennen zu lernen."

„Hm“, schmunzelte Bomeier, aber wieder aufs Aeußerste verlegen, „so sehr jung ist sie eigentlich nicht.“

Thiodolf warf ihm einen flüchtigen Blick zu und es war fast als ob er einen Scherz auf den Lippen hätte, aber das dauerte kaum einen Moment, denn schon im nächsten sagte er, den Kopf ganz voll von anderen Dingen:

„Gut, dann geh’ nach Hause, Alterchen, besorg’, was Du dort zu besorgen hast und triff mich dann an der andern Seite dieses Gebäudes, wo ich indessen Nachforschungen anstellen und mich jedenfalls so lange aufhalten werde, bis Du mich abrufst. Bist Du damit einverstanden?“

„Gewiß, von Herzen gern!“ rief Bomeier, jetzt gar nicht im Stande, einen selbstständigen Plan zu fassen, „also ich hole Dich da drüben ab.“

„Wie heißt die dort liegende Straße?“

„Das muß die Dammstraße sein, ich glaube es wenigstens der Richtung nach.“

„Gut, also auf Wiedersehen“, und beide Freunde, die während des letzten Gesprächs den Kellner bezahlt und den Garten langsam verlassen hatten, trennten sich draußen an der Hausthür, um ihre verschiedenen Ziele aufzusuchen.

Zweites Kapitel.

Kunigunde Vomeier.

Karl Vomeier trat seinen Heimweg in einer etwas gedrückten Stimmung an, denn er war vollkommen unsicher, wie seine Gattin die ihr zugedachte Ueberraschung eines Mittagsgastes, den er nur erst ein einziges Mal gewagt hatte bei sich einzuführen, aufnehmen würde. Die Möglichkeit war allerdings da, daß er sie in guter Laune traf, fand aber das Gegentheil statt, dann durfte er sicher auf keinen idyllischen Empfang rechnen, und was nachher? Sein Muth sank bedeutend, als er das Haus betrat.

Wäsche, wie er Thiodolf dunkel angedeutet, hatten sie allerdings nicht, aber sobald er nur seine Saalthür öffnete und rasch eintreten wollte, rannte er schon gegen ein Scheuerfaß an und die Rieke, wie

ihr Mädchen hieß, kniete selber madennaß auf der
Diele und ging mit außergewöhnlicher Energie gegen
jeden noch übrigen trockenen Fleck im Hause vor. —
Und dort? Einen Besen hochgeschwungen in der Hand,
den Rock aufgeschürzt und die Aermel in die Höhe
gestreift, stand Kunigunde, Bomeiers eheliche Gattin,
und lächelte, denn nur in solchen Momenten, wo
sie wußte, daß sich ihr Gatte vollkommen unbehaglich
und elend fühlen mußte, schwelgte sie.

Uebrigens trug sie nicht das geringste Idyllische
an sich, was man nach dem eigentlichen Geschmack
Bomeiers doch hätte vermuthen sollen. Es war eine
wohl noch jugendliche, aber corpulente Gestalt, wenig=
stens vier Zoll größer als ihr Gatte. Toilette schien
sie heute auch noch nicht gemacht zu haben, oder hatte
die rauhe Arbeit diese wieder zerstört? Das Haar
schien jedenfalls etwas sehr in Unordnung gerathen,
das alte Kattunkleid, das sie trug, war naß und un=
sauber, und der Blick, mit dem sie ihren Gatten em=
pfing, sprach Bände. Wie sie aber jetzt dastand, die
Haube zurückgeschoben und sich auf den langen Besen=
stiel mit dem vollen Bewußtsein stützte: „Ich bin Herr
im Haus", hätte sie ebensogut für eine losgebrochene
Megäre der Revolution mit blutrother Fahne und der
Brandfackel gelten können.

„Hollah, Scharle!" redete sie dabei ihren in tödt=
lichster Verlegenheit vor ihr stehenden Gatten an,
denn daß Karl Bomeier hier keinen Gast einführen
durfte, sah er auf den ersten Blick; „Du stehst ja
da wie Butter an der Sonne, komm' mir nur nicht
mit Deinen schmutzigen Stiefeln durch den Saal. —
Na?" fuhr sie dann aber, ihn scharf ansehend, fort:
„Was hast Du denn? Du machst ja ein gar so ver=
dutztes Gesicht, willst Du was? Du kommst mir
beinahe so vor."

„Ich, mein Herz?" sagte Scharle wie in höchster
Verwunderung, „nein, gewiß nicht, wie kommst Du
darauf?"

„Na, ich kenne Dich —".

„Ach nein, mein Herz, ich wollte mir nur einen
Apparat zurecht machen, um heute ein Haus in der
Stadt aufzunehmen. Du weißt ja, daß ich jetzt über=
haupt damit beschäftigt bin. — Zufällig traf ich
auch gerade einen alten, lieben Jugendfreund von
mir."

„Einen Jugendfreund?" sagte seine Gattin miß=
trauisch.

„Ja, einen prächtigen Menschen, einen sehr
geschickten Architekten, der sich besonders für unsere
alten Bauwerke interessirt und wahrscheinlich eine grö=

ßere Bestellung auf photographische wie stereoskopische Aufnahmen machen wird."

„Und was geht das mich an?" frug seine Gattin kurz.

„Dich? — o mein Schatz", sagte Bomeier verlegen, „ich — glaubte nur, daß Du Dich dafür interessiren würdest — aber ich sehe, Du bist beschäftigt und will Dich deshalb nicht stören." — Damit schritt er auf den äußersten Fußspitzen quer über die Ecke des Vorsaals hinüber, um in sein Atelier zu gelangen, denn daß er unter diesen Umständen nicht daran denken durfte, seinen Freund als Tischgast zu empfehlen, wußte er gut genug. Wie fatal ihm aber dabei die Erinnerung an diesen war, ist begreiflich. Thiodolf wartete jetzt jedenfalls auf ihn, aber konnte er es ändern? Da war es viel besser, er entschuldigte sich später bei ihm, als daß er jetzt muthwillig ein furchtbares Ungewitter am häuslichen Heerd heraufbeschwor. Thiodolf wußte ja glücklicher Weise seine Wohnung nicht und das Einzige, was er selber thun konnte, war, sich ruhig mit seiner Arbeit zu beschäftigen und das Andere eben gehen zu lassen, wie es ging.

Eine Stunde mochte er so in seinem Atelier geschafft haben, es war Essenszeit und er selber hungrig

geworden, aber er wußte aus Erfahrung, daß an
solchen Scheuertagen die eigentliche Tischzeit nie ein=
gehalten und nur immer in einer etwa eintretenden
Pause hastig „gegessen" wurde. Die wirkliche Häus=
lichkeit bestand in solchen Perioden nicht mehr, oder
war wenigstens, wie man in der politischen Aus=
drucksweise sagt, „suspendirt." Das Haus befand sich
in der Zeit unter Oberhoheit seiner regierenden Gat=
tin im „Belagerungszustand" und stand unnachsichtlich
unter den Kriegsgesetzen, denen er sich dann selbstver=
ständlich vor allen Anderen fügen mußte.

Eine halbe Stunde verging auch noch so; er
wurde nicht gerufen und da er einen nicht unbedeuten=
den Hunger verspürte, kämpfte er wirklich schon mit
sich selber, ob er nicht doch einmal nachsehen sollte,
wie die Küchenverhältnisse standen und ob er über=
haupt etwas bekam. Da steckte plötzlich Kunigunde
die Haube in die Thür und sagte:

„Na, ist es Dir endlich gefällig, zum Essen zu
kommen? Du glaubst wohl, wenn Du den ganzen
Tag verträumst, wir Anderen hier im Haus hätten
weiter nichts zu thun, als auf Dich zu warten?"

„Aber, bestes Herz", rief Bomeier wirklich
erschreckt; „ich hatte keine Ahnung, daß Du

schon so weit wärist! Ich bin jeden Augenblick
bereit."

Draußen an der Vorsaalthür that es in dem
Moment an der überhaupt sehr leicht gehenden Klingel
einen solchen Riß, daß es durch das ganze Haus
dröhnte, und Bomeier einen ordentlichen Ruck durch
die Seele gab. Wenn das Thiodolf — aber es war ja
doch rein undenkbar, denn er hatte ihm seine Haus=
nummer gar nicht genannt, und die Firma drau=
ßen trug noch den Namen seines Schwieger-
vaters selig, und den eigenen nur ganz klein da=
runter.

„Jesus, meine Güte!" rief Frau Bomeier zusam=
menfahrend, „da reißt Jemand die Klingel ab. Wer
kommt denn jetzt, zur Essenszeit?"

„Es wird der Briefträger sein, Schatz", beruhigte
sich und sie ihr Gatte, „wir haben jetzt einen neuen,
der unsere Klingel noch nicht kennt."

Die Scheuerfrau hatte indessen aufgeschlossen und
eben als die beiden Gatten den Vorsaal betraten, öff=
nete sich die Thür und Thiodolf, seinen grauen Filz=
hut auf dem Kopfe, die Arme gegen Bomeier aus=
streckend, stand auf der Schwelle.

„Aber Du läßt mich schön warten, Karl!" rief
er ihm entgegen, denn er hielt im ersten Augenblick

seine Frau nur für eine der Arbeiterinnen im Hause
und nahm gar keine Notiz von ihr; das erhitzte Ge=
sicht, die verschobene Haube, das alte beschmutzte Kleid
rechtfertigten ihn auch darin vollkommen. „Nur ganz
zufällig habe ich Deine Wohnung endlich gefunden,
und kann Dir versichern, daß ich schmählich hungrig
bin.‟

Madame Bomeier, die sich schon durch die Nicht=
beachtung gekränkt fühlte, wurde puterroth. Beide
Arme stemmte sie in die Seiten und ihrem Gatten
einen Dolchblick zuschleudernd, sagte sie:

„Wer ist der fremde Mensch, Scharle, und was
will er hier?‟

Scharle war in der tödtlichsten Verlegenheit, denn
dem Freunde seine „Auserwählte‟ in ihrem jetzigen
Zustande und selbst unter den freundlichsten Verhält=
nissen vorzustellen, wäre ihm peinlich gewesen, wie
viel mehr denn jetzt, wo ein häusliches Donnerwetter
nicht allein am Himmel stand, sondern schon grollen=
der Donner den unmittelbaren Ausbruch ankündete.
Und sollte, konnte er dulden, daß Thiodolf, von dessen
Familie er so freundlich aufgenommen worden, hier
in der seinigen beleidigt wurde? Das ging unmöglich
an. So viel Takt mußte seine Frau besitzen, daß
sie sich wenigstens in seiner Gegenwart mäßigte

und mit, wenn auch gewaltsam erkämpfter Ruhe
sagte er:

„Liebe Kunigunde, ich stelle Dir hier Herrn Thio=
dolf Pleſſen, einen lieben Jugendfreund vor, in deſſen
Familie ich früher wie ein eigenes Kind gehalten
wurde. Lieber Thiodolf", fuhr er dann gegen dieſen
gewandt fort, „Du triffſt es heute unglücklich, wir
ſind gerade beim Reinemachen und Kunigunde, eine
Wirthſchafterin, wie es wohl keine zweite in Danne=
burg gibt, läßt es ſich dabei unter keiner Bedingung
nehmen, ſelber mit Hand anzulegen."

Thiodolf hatte im Nu herausgefunden, wie das
Verhältniß hier im Hauſe ſtand; das war nicht ſchwer,
er brauchte nur Kunigunden anzuſehen, und die
Verlegenheit, in der ſich Bomeier bei ſeinem Eintritt
befand, war ihm ebenſowenig entgangen. Da gab es
nur eine Rettung: überwältigende Höflichkeit, und mit
der liebenswürdigſten Verbeugung gegen die Dame
gewandt, ſagte er, ehe Frau Bomeier nur Worte für
ihre Entrüſtung finden konnte:

„Gnädige Frau, ich bin unendlich glücklich, Sie
perſönlich begrüßen zu können. Karl hat uns immer
ſo viel Liebes und Gutes über Sie geſchrieben, daß
es ſtets mein ſehnlichſter Wunſch war, Sie einmal
aufzuſuchen. Jetzt aber ſehe ich, bin ich zu ungelege=

ner Zeit gekommen und muß tausend Mal um Ent=
schuldigung bitten, Sie gestört zu haben. Da ich aber
mit meinem Freunde eine wichtige Geschäftssache zu
bereden habe, erlauben Sie mir wohl, daß ich ihn
mit fortnehme, wir essen dann gemeinschaftlich drüben
im Hotel und können dabei Alles besprechen, was wir
mitsammen zu ordnen haben."

„Gnädige Frau!" Thiobolf hatte mit einem glück=
lichen Griff den besten Blitzableiter gefunden, ja viel=
leicht den einzigen, der den drohenden Wetterstrahl
harmlos ab= und in den Sand hineinführte. „Gnädige
Frau!" es klang gar so gut und kam so natürlich
und ungezwungen heraus, daß man dabei an keine
Absicht denken konnte.

Wo sich bis jetzt nur dunkelbräuende Wolken gezeigt,
zerriß der Schleier und der blaue Himmel kam zum
Vorschein; Kunigunde lächelte.

Der junge, bildhübsche Mensch war zu artig, als
daß sie ihn hätte, wohin die ersten Anzeichen aller=
dings mit ziemlicher Gewißheit deuteten, forsch an=
fahren können und wenn sich auch Karl Bomeier bei
dem kecken Vorschlag des Freundes, ihn ins Wirths=
haus zu entführen, etwas unbehaglich fühlte und fast
darüber erschrak, so zeigte sich doch seine Furcht diesmal
unbegründet.

„Herr Pleſſen“, ſagte ſie, doch dabei einen Blick
auf ihren äußeren eben nicht empfehlenden Menſchen
werfend, „ich bedaure ſehr, daß Sie mich gerade ſo
bei der Arbeit finden. Hätte mir Scharle nur ein
Wort geſagt (und Gnade ihm Gott, wenn er es
gethan hätte), aber ich hatte ja keine Ahnung und,
lieber Gott, in einer Wirthſchaft iſt immer ſo viel zu
thun, daß man vom Montag bis Sonnabend daran
zu arbeiten hat; man wird eben nicht fertig.“

Karl Bomeier traute ſeinen eigenen Ohren kaum,
ſeine Frau entſchuldigte ſich; das war ihm in ſeiner
Praxis noch nicht vorgekommen. Thiodolf aber, ob
er ſelber dem Frieden nicht recht traute, wie lange
dieſe liebenswürdige Laune dauern würde, oder ob
er ſich da drinnen in der Seifenlauge und zwiſchen
den naſſen Schürzen nicht recht wohl fühlte, ſagte
raſch und verbindlich:

„Sie ſind gerade wie meine eigene Mutter, immer
thätig und unverdroſſen bei der Arbeit, aber auf Jhre
eigne Geſundheit ſollten Sie dabei trotzdem Rückſicht
nehmen, Jhr Körper ſcheint zart und hier in dieſem
Zug und der feuchten Luft; doch wir dürfen Jhre
Zeit nicht länger in Anſpruch nehmen. Komm, Karl,
ſetz' Deinen Hut auf, es wird ſonſt zu ſpät, denn
wir müſſen jene Gebäude noch vor Dunkelwerden

besichtigen. Ich liefere ihn richtig wieder ab, gnä=
dige Frau, vertrauen Sie ihn mir nur für kurze
Zeit an."

„Ihr Körper scheint zart", lauteten seine Worte,
und hatte sie es Scharle nicht immer gesagt, daß er
sie noch unter die Erde brächte, aber sie konnte
dem jungen, artigen Manne jetzt nichts abschlagen.

„Na, Scharle", sagte sie, „dann muß ich allein
essen, komm' mir aber nur nicht so spät nach Hause,
denn Du weißt, daß ich mich ängstige."

So verabschiedete sich Thiodolf denn sehr
höflich und unterwegs fragte er den etwas verlegenen
Freund:

„Gehen wir in die Krone oder den Goldenen
Löwen? Ich denke im letztern ist das Essen besser
und in der Krone wird die table d'hôte schon vor=
über sein, ich bin verteufelt hungrig geworden."

Bomeier hatte eine andere Anrede erwartet. Er
athmete deßhalb hoch auf und sagte rasch:

„Ich glaube selber, wir fahren im Goldenen
Löwen besser und sind auch hier dicht dabei, zu Hause
bei mir", fügte er zögernd hinzu, „hätten wir heute doch
nichts weiter als kalten Hammelbraten bekom=
men und zu dem mochte ich Dich natürlich nicht ein=
laden."

„Bester Freund", lachte Thiodolf, „es giebt im
Familienleben Augenblicke, wo man sich vom Schicksal
nicht weit genug entfernen kann. Wenn bei uns zu
Hause reine gemacht wird, betrachte ich mich ebenfalls
als vogelfrei und komme der elterlichen Wohnung
nicht eher wieder nahe, als bis der Sturm vorüber=
gebrauft ist."

Die table d'hôte, die im Goldenen Löwen andert=
halb Stunde später als in der Krone begann, hatte
gerade seinen Anfang genommen, und sie kamen noch
zur rechten Zeit, um sich einzufügen. Der Tisch war
auch nicht übermäßig stark besetzt. Der Goldene
Löwe hatte allerdings eine Anzahl von Stammgästen;
einen „Regierungsrath Zellner" mit einer blonden
Perrücke und einem sehr alten Gesicht, der am liebsten
seine Erlebnisse bei Hofe erzählte, wenn er einmal
in der Residenz gewesen und zur Tafel befohlen war,
von gnädigen Aeußerungen, die Se. königl. Hoheit
gemacht und von treffenden, aber unterthänigen Be=
merkungen, die er darauf erwidert, dann ferner einen
pensionirten Forstmeister vom Adel, der immer mit
sich selber sprach, weil er taub war und sonst keinen
Antheil an der Unterhaltung nehmen konnte, und
einen preußischen Hauptmann, ein paar untere Beam=
te, die stets in Verzweiflung geriethen, wenn der

Kellner ihnen die Schüsseln zuerst brachte und nicht
vorher den Herrn Regierungsrath bedienten, obgleich
sie genau ten nämlichen Preis dafür bezahlten, und
ein paar andere gleichgültige Menschen, einen Commer=
zienrath und verschiedene Reisende.

Still, mit Niemanden weiter verkehrend, saß nur
noch eine ehrwürdige Gestalt am Tische, ein sehr an=
ständig gekleideter Herr in schwarzem Frack und wei=
ßer Halsbinde, mit dem einfachen Schmuck einer
Brillantnadel im Tuch und die langen schneeweißen
Haare mitten vom Scheitel schlicht nieder gekämmt.
Er trug einen weißen Schnurrbart, sonst war sein
Gesicht glatt rasirt und eine tiefe und lange Narbe
an der rechten Backe, auch ein paar ziemlich hohe Ordens=
bänder im Knopfloch und an der Brust, was ihm
jedes Mal eine ehrfurchtsvolle Verbeugung des Ge=
heimen Regierungsraths zuzog. Sonst schien er nur
spärlich mit den übrigen Gästen zu verkehren und
hatte die Ehre, die ihm der Geheime Regierungsrath
persönlich angeboten, an der Spitze der Tafel
zu präsidiren, rundweg, wenn auch sehr höflich, ab=
gelehnt.

„Van Beeker", wie er sich kurzweg nannte, war
überhaupt eine etwas räthselhafte Persönlichkeit in
Danneburg und etwa erst seit sechs Jahren, wo

er sich ein Haus gekauft, hier ansässig. Der Magist=
rat hatte ihm damals natürlich, wie man sich wenig=
stens in der Stadt erzählte, wie allen übrigen Men=
schen, einen Heimathschein abverlangt, ehe er ihm die
Bewilligung geben wollte, sich hier niederzulassen, van
Beeker aber einfach erklärt, er habe keinen. Er be=
absichtige sein Geld in Danneburg zu verzehren, inso=
fern man ihn nicht mit doch unnöthigen Formalitäten
quäle; lege man ihm aber Hindernisse in den Weg,
so zöge er ohne Weiteres an irgend einen andern
Ort. Er sei reich; er verlange von der Stadt
nichts und werde derselben nur Vortheil und nie
Nachtheil bringen, wünsche aber dafür auch nicht be=
lästigt zu werden und nähme nur unter der Voraussicht
hier seinen zeitweiligen Wohnsitz.

Ein armer Teufel würde von dem Magistrat
nun schwerlich geduldet worden sein, mit einem rei=
chen Manne aber war es etwas Anderes. Der
Bürgermeister drückte ein Auge zu, die Stadtverord=
netenversammlung das andere; van Beeker wurde
dadurch Insasse und als Hauseigenthümer auch Bür=
ger der Stadt, unterzog sich auch willig allen ihm
dadurch auferlegten Pflichten, ohne von seinen Rechten
besondern Gebrauch zu machen. Still und zurückge=
zogen lebte er mit seiner Familie, seiner Frau und

Dienerschaft in einem ziemlich weitläufigen Gebäude der Stadt und dinirte nur jede Woche einmal im Goldenen Löwen, und zwar dann, wenn bei ihm zu Hause reingemacht wurde. Uebrigens hatte er sich weder in den Club als Mitglied aufnehmen lassen, noch besuchte er Concerte oder das Sommertheater, das hier in den warmen Monaten seine Bude auf= schlug. Er war artig und höflich mit Jedermann, aber dabei auch außerordentlich zurückhaltend, so daß ein intimer Verkehr mit ihm unmöglich wurde. Er nahm keine Einladung an, wie er auch keine erließ und nur alljährlich einmal logirte ein ältlicher, sehr vornehm aussehender Herr regelmäßig drei Tage bei ihm und fuhr dann mit seinem Koffer und Reisesack ebenso wie er gekommen, wieder ab. Bei der Polizei wurde dieser Fremde indessen nie angemeldet und es war das auch wohl nicht nöthig, denn er trug fünf oder sechs große Orden und wenn er um ein Uhr und vor dem Essen, wie er das stets während seiner Anwesenheit in Danneburg that, eine Promenade um den Wall machte, so grüßten ihn die begegnenden unteren Beamten stets auf das Ehrfurchtvollste.

Das Gerücht in der Stadt ging allerdings, daß es ein Obermedicinalrath aus der Residenz sei, aber Bestimmtes wußte man nicht darüber und Einige

3*

wollten außerdem in Erfahrung gebracht haben, daß es der Minister selber wäre, der hier mit dem alten Herrn van Beeker wichtige politische Berathungen halte und deshalb gerade so geheimnißvoll thue. Der Aufenthalt des fremden Herrn dauerte aber immer nur so kurze Zeit, daß man nie recht eigentlich dahinter kommen konnte, nnd war er wieder abgereist, so kam er auch bald nachher aufs Neue in Vergessenheit.

Bomeier war als der beste Photograph von Danneburg mit allen den Herren, wenn auch nur oberflächlich, bekannt. Die Meisten hatte er schon selber, oder doch wenigstens Familienglieder von ihnen aufgenommen und er grüßte deshalb achtungsvoll mit einer allgemeinen Verbeugung um den Tisch herum. Thiodolf kannte Niemanden, kümmerte sich deshalb auch um Keinen der Herren, hing seinen weichen Filzhut an den nächsten Haken und ließ sich dann von dem Kellner die beiden Plätze anweisen.

Thiodolf musterte die Umgebung. Der Regierungsrath an der Spitze der Tafel fiel ihm als komische Erscheinung besonders auf. Bomeier wußte aber über den Herrn nur sehr wenig zu sagen. Es war ein Regierungsrath wie tausend Andere, von dem böse Zungen in der Stadt aber behaupteten, daß er einst bei Hoftrauer, um seinen tiefen Schmerz auszubrücken, statt der rothen eine schwarze Perrücke getragen habe. Sonst versicherte er Thiodolf aber, daß er ihm ängstlich aus dem Wege ginge, weil er so furchtbar nach Moschus stank und Anfangs auch Niemand hätte neben ihm am Tisch sitzen wollen.

„Und wer ist der alte, ehrwürdige Herr uns da schräg gegenüber, sieh jetzt nicht hinüber, er hat den Kopf gerade hier herüber gewandt."

„Der mit den weißen, gescheitelten Haaren?"

„Ja."

„Ach, das ist ein Herr van Beeker, der hier in der Stadt wohnt und —-".

„Und ein Haus in der Dammstraße hat?" fiel ihm Thiodolf hastig, aber leise ins Wort.

„Ganz Recht? Woher weißt Du das aber?"

„Das ist ja das Haus, zu dem das lange Hintergebäude gehört", erwiderte der Freund, „wie Du von mir fortgingst, habe ich mich genau darnach erkundigt und der Name dieses Herrn wurde mir dabei genannt."

„In der That", sagte Bomeier, „das ist also das Haus? Dann wird es freilich einige Schwierigkeiten haben, jene Räume zu betreten, da van Beeker, so viel ich weiß, keinen Verkauf beabsichtigt und auch schon verschiedene Male abgelehnt hat, einen Theil seiner überflüssigen Räumlichkeiten zu vermiethen."

„Also das ist der Eigenthümer jener geheimniß= vollen Räume", sagte Thiodolf, der in diesem Moment nur Augen für den alten, sehr vornehm aussehenden Herrn hatte, indem er ihn, so weit das eben anstän= diger Weise geschehen konnte, aufmerksam betrachtete, und für jetzt nicht weiter an die Verfolgung seines eigentlichen Zwecks dachte; „und wie groß ist seine Familie? Weißt Du das?"

„Ich muß Dir aufrichtig gestehen", sagte Bomeier, „daß ich mich bis jetzt noch wenig oder gar nicht um den Betreffenden gekümmert habe. Er soll drei oder vier Dienstleute in seinem Hause halten, sehr zurück= gezogen leben, aber sehr reich sein. Weiter weiß ich gar nichts von ihm."

„Also glaubst Du nicht, daß wir Zutritt zu sei= nem Hause erhalten werden?"

Bomeier schüttelte mit dem Kopfe; „wenn ich aufrichtig sein soll, nein", sagte er, „denn er hält alle Menschen daraus fern und wenn das Gerücht die Wahrheit spricht, aber Du weißt, was in solch' einer kleinen Stadt geschwatzt wird, so darf sogar ein Theil seiner Dienstboten nicht einmal alle Zimmer des Hauses betreten."

„Wenn wir nur hier mit ihm bekannt werden könnten", sagte Thiodolf nach einer längern Pause des Nachdenkens. „Kennt er Dich?"

„Dem Ansehen nach, weiter nicht", erwiderte der Freund; „ich habe auch einmal ein paar Worte mit ihm gesprochen und er erwidert seit der Zeit meinen Gruß sehr artig; das ist aber auch Alles, er hat eine ungeheure Uebung darin, einen Menschen einfach durch Höflichkeit todt zu machen. Man kommt nicht an ihn heran, man mag anfangen was man will. Welche Ausrede wolltest Du außerdem jetzt machen? Laß uns das alte Hintergebäude photographiren, das kann uns kein Mensch verwehren und dann hast Du ja doch Alles, was Du willst und kannst Deiner Phantasie später immer freien Lauf lassen, und Dir die inneren Räume mit den geheimnißvollsten Wesen bevölkern. Kämst Du jetzt hinein in die Zimmer und fändest Du nichts als Rumpelkammern mit leeren Kisten, Torf, schmutziger Wäsche und dergleichen, so wäre die Illusion doch beim Teufel."

Ob der alte Herr gehört hatte, daß die beiden jungen Leute über ihn sprachen, oder ob er nur einen Verdacht dahin schöpfte, aber seine Blicke glitten mehrmals über sie hin, ohne jedoch auf ihnen zu ruhen. Langsam trank er dabei seine halbe Flasche

Champagner, die er sich hatte geben laffen, zündete sich dann, als er seinen Teller zurückgeschoben, se ne Cigarre an, und verließ mit einem leichten Gruß gegen den obern Theil der Tafel, den einige der Herren aber sogar durch halbes Aufstehen erwiderten, den Speisesaal.

Uebrigens drehte sich das Gespräch, sobald er nur die Thür hinter sich zugedrückt, einzig und allein um seine Persönlichkeit. Denn Danneburg war viel zu klein, als daß ein solch abgeschlossener Charakter hätte unbeachtet darin leben können.

Der Regierungsrath hatte sehr ehrfurchtsvoll, aber doch sich seiner eigenen Würde bewußt, gegrüßt, als Herr van Beeker das Zimmer verließ; jetzt lächelte er, wie mit einem eigenen Gedanken beschäftigt, still vor sich auf seinen Teller nieder, schien aber keine weitere Bemerkung machen zu wollen, bis sein Nachbar, ein preußischer Hauptmann, sagte:

„Es wird wohl bei dem Herrn heute wieder rein gemacht, sonst läßt er sich doch hier bei uns nicht blicken."

„Ein merkwürdiger Herr; kein Bewohner in Danneburg hat seit dem Tag, wo die Meubles hineingeschafft und die Zimmer hergerichtet waren, noch gesehen, wie er eigentlich wohnt", bemerkte der Regierungsrath. Ich selber habe mir schon ein paar Mal erlaubt, ihn zu mir einzuladen, um nur Gelegenheit zu bekommen, ihm den Gegenbesuch zu machen, aber er geht in keine derartige Falle, und nicht einmal im Theater oder in Concerten läßt er sich blicken, obgleich er, wenn Vorstellungen zum Besten von Nothleidenden gegeben werden, immer eine Anzahl von Billets nimmt."

„Seine Frau soll sehr hübsch sein", bemerkte der Hauptmann.

„Gewesen sein", ergänzte der Regierungsrath, „oder sie würde sich ein so eingezogenes Leben nicht gefallen lassen."

„Aber haben sie denn, wie sie herkamen", frug der Hauptmann, der erst kürzlich nach Danneburg versetzt war, „gar keine Besuche gemacht?"

„Bei keinem Menschen", sagte der Regierungsrath achselzuckend, „und das schnitt natürlich schon jeden weitern Verkehr mit der gebildeten Gesellschaft ab."

Der Commerzienrath lächelte, denn der Regierungsrath hatte selber vorher geäußert, daß er sie zweimal, aber vergebens eingeladen habe, machte jedoch keine Bemerkung, als ein schräg gegenübersitzender unterer Beamter einzuschalten wagte:

„Und doch sollen sie einmal im Jahre große Gesellschaft geben, zu der aber kein Mensch eingeladen wird."

„Das muß sehr interessant und sehr lebhaft dabei zugehen", bemerkte der Hauptmann trocken, „woher aber vermuthen Sie das?"

„Weil dann Abends und jedes Mal am 2. Decbr. die ganze Etage hell erleuchtet ist", sagte der Beamte. „Die Leute sammeln sich dann gewöhnlich vor dem Hause und flüstern mit einander, weil sie das Alle für einen Spuk halten, aber zu sehen ist nichts; die Rouleaux sind niedergelassen und nicht ein einziger Schatten wird daran bemerkt."

„Aber leidet denn das die Polizei?" frug ein Weinreisender, den sein Geschick hier nach Danneburg verschlagen, „der Herr muß doch dort Rechenschaft von sich geben."

Der ganze Tisch schwieg und nur der Regierungs= rath zuckte bedauernd mit den Achseln, hielt sich aber nicht für befugt, die Frage zu beantworten. Der Fremde war ihm überhaupt gar nicht vorgestellt worden, existirte deshalb nicht für ihn, und seinen Teller zurückschiebend, stand er mit einem „gesegnete Mahlzeit meine Herren" von seinem Stuhl auf, nahm seinen Hut vom Nagel, strich ihn mit dem Ell=

bogen kunſtgerecht ab und verließ dann den Spei=
ſeſaal.

Das war das gewöhnliche Signal für die Stamm=
gäſte, ſeinem Beiſpiel zu folgen, an das ſich aber
natürlich die „wilden“ Gäſte, zu denen auch der
Weinreiſende gehörte, nicht kehrten. Dieſer, der ſich
eben die zweite Taſſe Kaffee beſtellte, und dabei den
Rauch ſeiner Cigarre in lichten Wolken ausblies, ſchien
über die ſtumme Abfertigung, die er von dem Herrn
mit dem Orden und der rothen Perrücke erfahren,
etwas verblüfft und wollte jetzt ein Geſpräch mit dem
ihm ſchräg gegenüber ſitzenden Thiodolf begin=
nen, war aber mit dieſem ebenfalls nicht glück=
licher.

Thiodolf hatte jetzt andere Dinge im Kopf, als
ein Geſpräch mit dem fad ausſehenden Menſchen
anzuknüpfen und dem Freund ein paar Worte zu=
flüſternd, ſtand er ebenfalls auf, bezahlte den Kellner
und verließ dann mit Bomeier das Lokal.

Das er kein Wort von der vorherigen Unter=
haltung über das ihn nun einmal in ſeltſamer Weiſe
intereſſirende Haus verloren, läßt ſich denken, aber
Alles das hatte auch natürlich ſeine Neugierde, Nähe=
res darüber zu erfahren, ſo viel reger angefacht. In
einer großen lebendigen Stadt, wo ihn noch dazu

seine Kunst beschäftigte, würde er es vielleicht zwischen anderen wichtigeren Dingen vergessen haben, hier dagegen, mit gar nichts weiter zu thun, als seinem alten Onkel ein paar Wochen Gesellschaft zu leisten, nahm es seine volle Aufmerksamkeit in Anspruch, und wie er es sich nun erst einmal in den Kopf gesetzt, daß das alte Hintergebäude ein Geheimniß bergen müsse, war er auch fest entschlossen, dahinter zu kommen.

Bomeier hatte auf die Unterhaltung wenig oder gar nicht geachtet. Einmal interessirte ihn weder die Familie des Herrn van Beeker, noch dessen Haus, und dann ging ihm auch noch die letzte durchlebte Scene mit Kunigunden im Kopf herum. Wie nämlich würde sie ihn empfangen, wenn er wieder nach Hause käme, und war es nicht gerathen, sie sobald als möglich aufzusuchen, um ihr nicht noch größern, oder überhaupt einen Grund zur Klage zu geben? Thiodolf ließ ihn aber nicht.

„Komm", sagte er, indem er seinen Arm ergriff, „wir wollen unsern Kaffee jetzt in der Krone trinken und dann einmal überlegen, wie wir einen Angriff auf das alte Haus machen. Von dem Garten aus können wir das Terrain gehörig beobachten und Zwei sehen dabei immer mehr als Einer."

„Du hast aber gehört", sagte Bomeier, „daß der

Besitzer keinen Verkehr mit seinen Nachbarn hält, also Dir auch nie gestatten wird, seine Räumlichkeiten zu betreten."

„Komm nur", drängte aber Thiodolf, „es macht sich Manches, was man Anfangs für unmöglich hält, wie von selber, sobald man ihm nur fest auf den Leib rückt und ich bin nun einmal so ein komischer Kauz, daß ich die feste Ueberzeugung habe, ich führe Alles durch, was ich beginne. Vor der Hand läßt es mir aber keine Ruhe; ich muß mir Gewißheit ver= schaffen, und wenn Du mir nur ein klein wenig bei= stehst, kommen wir auch zum Ziel."

„Was Du dabei erreichen willst, weiß ich nicht", sagte Bomeier gutmüthig, „wenn Dir aber damit ein Gefallen geschieht, so magst Du vollkommen über mich verfügen; also gehen wir nach der Krone, und morgen früh werde ich Dir das alte Hintergebäude photogra= phiren.

Drittes Kapitel.

Stadtgespräche.

Die beiden Freunde wanderten zusammen der be=
zeichneten Restauration zu und fanden den Garten bei
dem schönen Wetter schon so ziemlich besetzt, aber doch
noch immer einen kleinen Tisch frei, an dem sie Platz
nehmen konnten und dabei einen vollen Ueberblick nach
dem alten Hintergebäude, um das sich wohl keiner der
übrigen Gäste bekümmerte, freibehielten. Es war auch
eben kein tröstlicher Anblick, denn die alte vernach=
lässigte Wand, mit den unregelmäßigen, verwitterten
Fenstern und dem abgefallenen Kalk bot nicht das ge=
ringste Anziehende; es war eben ein vernachlässigter
Platz, weiter nichts, und der Wirth der „Krone" hatte
auch in der That schon eine Reihe von jungen Pappeln

dort hinüber angepflanzt, damit diese die ganze Aussicht auf das unappetitliche Gebäude deckten.

Thiodolf schaute eine ganze Weile schweigend dort hinüber; endlich sagte er:

„Es ist rein zum Verzweifeln. Ich bin doch nun selber Architekt, aber was sie mit den zwei Fenstern da gewollt, und wie sie eine Verbindung damit im Haus hergestellt haben, ist mir ein blankes Räthsel, wenn nicht ganz außergewöhnliche Verkehrswege in der alten Baracke angewandt sind, und das kann man doch nicht gut annehmen."

„Mein lieber Thiodolf", bemerkte da Bomeier mit der größten Ruhe, „ich begreife, daß Du Interesse an einem solchen alten Kasten nehmen kannst, werde aber auch nicht langweilig, denn Du hast schon weiter nichts im Kopfe als das alte Gemäuer. Laß doch die In= saffen damit fertig werden, und sich darin zurecht fin= den, so gut sie können, aber verlange von mir keine Sympathie für diese Ueberreste einer altadeligen Woh= nung, was sie jedenfalls sind. Früher wurde dort ohne Zweifel die Dienerschaft untergebracht, und möglicher Weise haben diese Räume in Kriegszeiten und wenn Danneburg von irgend einem alten Raubritter belagert wurde, zu Vorrathskammern und Speichern gedient, oben die holzvergitterten Fenster sehen wenigstens genau so aus, als ob dort der Hafer für die ritterlichen Gäule gelegen hätte. Zu was sie jetzt dienen, kann uns gleich sein; sie sehen pittoresk oder verwildert, was zuweilen gleichbedeutend ist, genug aus, das geb' ich zu, und ich verspreche Dir auch morgen früh eine Aufnahme davon zu machen, aber damit begnüge Dich auch und zerbrich Dir weiter nicht den Kopf darüber."

„Und hatte ich damals nicht Recht, als ich Dir sagte, daß jene Räume etwas Geheimnißvolles bergen müssen? Wir erfahren jetzt, daß sich der Besitzer allerdings geheimnißvoll von jedem Verkehr mit Fremden abschließt, und irgend welchen Grund muß er dafür haben."

Bomeier schüttelte mit dem Kopf. „Du bist ein ganz verzweifelter Mensch", sagte er, „denn wenn ich nicht mit fremden Leuten verkehren will, brauche ich deßhalb noch immer kein Geheimniß zu haben — siehst Du, da bewegt sich Deine Gardine wieder. Jedenfalls schmachtet ein gefangenes Burgfräulein dahinter und in alten Zeiten hätten wir die Festung stürmen müssen, um sie zu befreien, heute brauchten wir nur auf die Polizei zu gehen und Anzeige zu machen, und ersparten dadurch nicht allein viel Mühe, sondern setzen uns auch weiter keiner Gefahr dabei aus als der — ausgelacht zu werden."

Thiodolf antwortete ihm gar nicht; sein Blick hing unverwandt und in fast peinlicher Spannung an jenem Punkt des alten Hintergebäudes, vor welchem die weiße gestickte Gardine hing. Es unterlag auch keinem Zweifel, daß diese sich jetzt wieder, wie langsam von einer Hand emporgehoben, bewegte, und deutlich glaubte er dahinter eine weibliche Gestalt zu erkennen. Aber lange Zeit zur Beobachtung blieb ihm nicht, der Vorhang sank wieder und das alte Mauerwerk lag so still und öde als vorher.

Uebrigens wurden sie in diesem Augenblick gestört, denn eine Menge von Menschen, aber keine der gewöhnlichen Gäste, sondern Arbeiter, drängten mit Lärmen und Schreien in den Garten, bestellten Bier und Branntwein und schienen in unnatürlicher Aufregung. Ein paar der Ruhigeren wollten Ordnung halten, was ihnen aber nicht gelang; Jeder suchte den Andern zu überschreien und da sich Bomeier wie Thiodolf unbehaglich in dem Lärm fühlten, verließen sie das Lokal, um es dem tobenden Schwarm zu überlassen.

„Was ist denn das für ein Aufruhr?" frug Bomeier den Wirth, als sie durch das Haus schritten, um die Straße wieder zu erreichen. Dieser zuckte mit den Achseln.

„Der Teufel ist los", sagte er, und die gute alte

Zeit hat ein Ende. Alle Welt wird unzufrieden; arbeits=
scheue Schreier hetzen das Volk auf, in den großen
Städten fangen sie damit an und die kleinen machen's
natürlich geschwind nach. Ehe man einen Handwerker
dazu bringt, eine gute und praktische Neuerung anzu=
nehmen oder von seinem alten Zunftzopf abzugehen,
kann man sich zu Tode reden, aber Nichtsnutzigkeiten
nachzuahmen und mitzumachen, dazu sind sie jeden
Augenblick bereit."

„Was haben sie denn? — was sind das für
Leute?" frug Thiodolf, „sie sehen wie Maurer aus."

„Und sinds auch", bestätigte der Wirth. „In den
verdammten Vereinen hecken sie's aus, und jetzt wollen
sie sämmtlich die Arbeit einstellen, wenn sie nicht 25%
mehr Lohn bekommen. Es ist rein zum toll werden: 25%
— wundert mich nur, daß sie nicht gleich hundert ver=
langen."

„Aber den Wirthen thut das keinen Schaden", lachte
Bomeier, „für die verlangen sie ja doch nur die fünf=
undzwanzig Procent."

„Wär schon recht", meinte der Wirth, aber immer
noch verdrießlich, „wenn ich nur nicht gerade bei mir
da oben hätte einreißen lassen, um einen Tanzsaal an=
zubauen. Heute Morgen läßt mir aber der Baumeister
sagen, er könne seinen Contrakt nicht einhalten, weil

die Leute nicht arbeiten wollten, und da haben wir
sie jetzt, den ganzen Schwarm und meine Bube liegt
offen."

Die beiden Freunde schritten wieder in die Straße
hinaus, wo sie aber noch verschiedenen Trupps feiern-
der Arbeiter begegneten, die, in Zügen aufmarschirt,
ein Halstuch als Fahne vorangetragen, Arm in Arm
heranmarschirten, und viele von ihnen schon angetrunken,
mit heiseren Stimmen ihre Lieder abschrieen. — Die
alten Häuser in Danneburg hatten wohl noch nichts
dem Aehnliches gesehen, und es war eben eine der
vielen Neuerungen, die da unten dieses flache rege Land
bewegten und so abgelegen die kleine Stadt auch auf
jener Höhe bis dahin geschlummert, die Wogen des
Zeitgeistes schlugen doch bis zu ihr hinauf, und warfen
sie in die allgemeine Strömung.

Bomeier lag übrigens die Sache zu fern, um sich
selber besonders dafür zu interessiren; die Maurermeister
mochten sehen, wie sie mit ihren Gesellen selber fertig
wurden, ihm machte seine eigene Gattin daheim zu
schaffen genug, um sich auch noch um anderer Leute
Angelegenheiten zu bekümmern; er verabschiedete sich
daher von dem Freunde.

Thiobolf schlenderte nun langsam die Straße hinab,
bog aber fast unwillkürlich der Richtung zu, in welcher

die Vorderfront des van Becker'schen Hauses lag, um diese noch einmal genauer zu betrachten.

Das alte Gebäude war früher jedenfalls ein Patrizierhaus gewesen, denn die Wohnungen des Bürgerstandes zeigten überall in Danneburg vorgebaute Giebel, mit einer Winde in dem obersten, um da hinauf die eingebrachten Waaren zu winden. Dieses hatte nichts dergleichen, außer dem treppenartigen Giebel wie die übrigen, aber die einzelnen Abstufungen, mit steinernen Statuen aus der Heidenzeit verziert, deren obere flache Front in der Mitte Jupiter den Donnerer und rechts und links Juno und Bellona zeigten. Das Haus war wenigstens bis zur ersten Etage massiv gebaut, oben dagegen aus festen braunen Balken aufgerichtet und dazwischen mit rothen Ziegeln eingelegt. An der Hausthür aber und zwischen den Fenstern der ersten Etage zeigten sich noch diese grotesken, meist etwas dickköpfig gemeißelten Figuren, die bald Pfauen und Riesen, bald kleine christliche Engel mit Pausbacken und Posaunen darstellten.

In der zweiten Etage waren sämmtliche Rouleaur niedergelassen und es ließ sich dort oben gar nichts erkennen, die erste aber schien vollständig bewohnt, und schon die Gardinen und kostbaren tropischen Pflanzen auf den Simsen zeigten einen, für Danneburg wenigstens

ungewohnten Luxus. Die Hausthür blieb jedoch ver=
schlossen, und als Thiodolf sich dort einige Zeit in der
Nachbarschaft aufhielt, bemerkte er, wie selbst ein Bote,
der ein Packet brachte, nicht eingelassen wurde. Ein
alter Diener öffnete, als Jener klingelte, wohl die
Thür, nahm es ihm aber draußen ab, schloß sie wie=
der und brachte ihm erst nach einiger Zeit sein Trink=
geld oder seinen Botenlohn heraus. Daß er selber also
abgewiesen wurde, wenn er unter irgend einem Vor=
wande Einlaß begehrte, verstand sich von selbst, und er
wagte auch deshalb gar nicht den Versuch.

Langsam schlenderte er jetzt nach Hause; denn seinen
Freund Bomeier wieder aufzusuchen, dazu hatte er die
Lust verloren, verfolgte aber dabei, so mit seinen eige=
nen Gedanken beschäftigt, seinen Weg, daß er plötzlich
mit einem sehr robusten ältlichen Herrn fast zusammen=
rannte.

„Bitte tausend Mal um Entschuldigung", sagte
Thiodolf, „es — war mir gerade etwas in's Auge ge=
kommen."

„Donnerwetter, Herr", sagte der Andere, „ich wich
Ihnen doch halb aus, Sie haben mir aber beinahe die
Schulter ausgerenkt."

„Es war wirklich nicht gern geschehen", entschul=
digte sich Thiodolf noch einmal, und bog dann, da sich

an der Sache doch nichts weiter thun ließ, rechts ab, um seines Onkels Haus zu erreichen. Es dämmerte auch schon, und er wußte, daß es der alte Mann dann gern hatte, wenn er sich eine Weile zu ihm setzte.

„Nun, Thiodolf“, redete ihn dieser auch freund= lich an, als er zu ihm in die Stube trat, „bist Du heute Mittag auf die Straße gesetzt gewesen? Ja, die Susanna führt bei mir im Hause ein strenges Regi= ment und ich kann selber nicht dagegen aufkommen. Aber da ich weiß, daß sie es nur gut mit mir meint, laß ich ihr eben ihren Willen. Wo hast Du heute gegessen?“

„Im Goldenen Löwen, Onkel“, sagte Thiodolf, indem er seinen Hut auf einen Stuhl legte, und sich dann seinem Onkel gegenübersetzte.

„Im Goldenen Löwen, so?“ sagte dieser, „war der Tisch im Hotel sehr besucht?“

„Es geht, Onkel, viele Fremde kommen wohl nicht nach Danneburg, aber der Wirth scheint eine Anzahl von Stammgästen hier aus der Stadt zu haben, die dort im Abonnement essen.“

„Der Herr Regierungsrath Zellner speisen dort regelmäßig“, sagte der alte Stadtschreiber ehrfurchts= voll, „auch der Herr Forstmeister von Kolb sind ein

täglicher Gast. Es verkehrt da überhaupt eine sehr
anständige und ehrenwerthe Gesellschaft."

„Mir war eine Person sehr interessant, Onkel",
sagte Thiodolf, „und um die übrigen langweiligen
Gesichter habe ich mich wenig oder gar nicht be=
kümmert —".

„Langweilige Gesichter, Thiodolf? Aber wen
meinst Du?"

„Einen alten Herrn, der, wie mir gesagt wurde, nur
heute ausnahmsweise dort speiste, aber mit keinem der
übrigen Herren irgend welchen Verkehr hielt, ein Herr
van Becker."

„War Herr van Beeker heute im Löwen?" fragte
der alte Stadtschreiber rasch und wie es schien nicht
ohne Interesse — „hm, hm, hm, hm —".

„Kennen Sie Herrn van Beeker, Onkel?"

„Ich?" sagte der Stadtschreiber, anscheinend nicht
gleich mit sich im Reinen, wie er die Frage beant=
worten solle, „woher sollte ich Herrn van Beeker kennen?"

„Es kam mir fast so vor."

„Von Ansehen, ja, natürlich, jedes Kind in der
Stadt kennt Herrn van Beeker und — auf dem Amt
hatte ich damals ebenfalls zu thun, als er hier nach
Danneburg zog — so aber bin ich — nur sehr wenig
mit ihm in Berührung gekommen."

„Aber doch ein wenig, wie, Onkel?"

„Ich hatte die verschiedenen Papiere auszufertigen", sagte der kleine Stadtschreiber „und — mußte ihm auch vorher die Wohnung besorgen."

„In der That."

„Hm — ja, was einige Schwierigkeiten hatte, da er sehr viel Wohnräume brauchte. Reiche Leute sind in der Art verwöhnt und finden in solch' einer kleinen Stadt nicht immer gleich Alles, was sie wünschen."

„In dem Hause hat er wohl viel Platz?" sagte Thiodolf.

„O gewiß", bemerkte der Stadtschreiber, „es könnten zwei Familien darin wohnen."

„Herr van Beeker ist verheirathet, nicht wahr?"

„Ja."

„Hat er Kinder?"

„Hm — so viel ich weiß, nein —".

„Aber viele Dienstleute —".

„Es müssen eine ganze Menge im Hause sein", sagte der Stadtschreiber, „wenigstens mehr als Unsereiner für so wenig Personen gebrauchen würde."

„Und was mag den alten Herrn wohl bewogen haben, hier in den kleinen stillen Ort zu ziehen", sagte Thiodolf nach einer längeren Pause. Der Stadtschreiber zuckte mit den Achseln.

„Er wird seine Gründe dafür gehabt haben", meinte er, „vielleicht ist ihm das zu rege Treiben der Residenz zuwider, vielleicht politische Ursachen. In jetziger Zeit, wo die Achtung vor der Oberhoheit der Krone mehr und mehr schwindet, und alle nur möglichen revolutionären Vereine selbst polizeilich geduldet werden, ist Alles denkbar."

„In der Stadt", sagte Thiodolf, der gern einmal hören wollte, was der Onkel dazu meinte, „erzählt man sich eine Menge wunderbarer Geschichten über jenes alte Haus."

„So?" sagte der Stadtschreiber, den Kopf herüber und hinüber werfend, „das läßt sich denken, das müßige Volk hat ja doch weiter nichts zu thun, und wenn sich Jemand von ihnen abschließt, muß immer gleich ein Geheimniß dahinter stecken. Glaub' nur um Gotteswillen nicht, was die albernen Menschen sagen — aber — über was sprechen sie eigentlich — was wollen sie wissen?"

„O —", erwiderte Thiodolf, der eigentlich selber nichts wußte und nur einmal hatte „auf den Busch klopfen" wollen, „ich habe nicht darauf geachtet und mich wenigstens nicht darum bekümmert, von einer geheimnißvollen Dame, die in dem alten Hintergebäude hausen soll, von nächtlichen Erscheinungen und Gesellschaften und allerlei anderem Unsinn mehr. Natürlich sind ja das Alles nur Vermuthungen oder Erfindungen, und man darf nichts darauf geben."

„Da hast Du recht", sagte der Onkel, befriedigt mit dem Kopf nickend, „geben darf man allerdings nichts darauf und noch viel weniger solchen Unsinn weiter erzählen. Herr van Beeker ist ein sehr achtbarer Mann, der vom Hofe die besten Empfehlungen mit hergebracht hat, wie ich gehört habe. Außerdem thut er sehr viel Gutes und die Stadt kann sich gratuliren, daß er sich hier niedergelassen hat. Aber was ist das heute für ein ungewöhnlicher Lärm in der Straße, ich sah schon zwei Mal ganze Züge von Arbeitern mit kleinen Fahnen hier durchziehen. Etwa ein Stiftungsfest irgend einer Gilde?"

„Ich glaube nicht, Onkel; wie ich gehört, sollen die Maurer ihre Arbeit eingestellt haben, weil sie höhern Lohn und weniger Arbeitszeit verlangen."

„O, du mein Gott", seufzte der Stadtschreiber, „geht das jetzt hier in Danneburg nun auch los? Aber das kommt von den Neuerungen", setzte er, heftig mit dem Kopf nickend, hinzu „das kommt von den Neuerungen, von Eisenbahnen und Telegraphen, von soge= nannten populären Schriften und Vorträgen, wo der arbeitenden Classe eine Menge Dinge in den Kopf ge=

ſetzt werden, die ſie nicht verſtehen und nicht gebrauchen
können, und die unglücklichen Folgen bleiben dann
nicht aus. Gott ſei Dank, daß ich mit dem Allen
nichts mehr zu thun habe, denn das wäre genug, mich
in die Grube zu bringen; Vereinsrecht, Gewerbefreiheit,
Preßfreiheit und wie die unglückſeligen Errungenſchaften
alle heißen, und wohin führt das zuletzt? Zur Republik
und damit Anarchie, zu weiter nichts, zur Auflöſung alles
Beſtehenden, zum Untergang der Geſellſchaft, wie zur Miß=
achtung Deſſen, was früher für heilig gehalten wurde.“

„Aber, beſter Onkel —“.

„Sei Du ruhig“, ſagte der alte Mann, wohl freund=
lich, aber doch auch ſehr beſtimmt, „Du biſt ſchon ebenſo
von dem neuen Schwindel angeſteckt, der ſich zuerſt in
anſcheinenden Kleinigkeiten emancipirt, und damit voll
das Seinige dazu beiträgt, um alles Beſtehende zu
untergraben.“

„Aber ich verſtehe Dich nicht“, ſagte Thiodolf er=
ſtaunt.

„Sieh nur Deine Kleidung an“, beharrte aber der
Alte, „den weichen Filzhut ſchief und zerdrückt auf
dem Kopf, das Hemd vorn offen und das ſeidene Hals=
tuch, wie es Schauspieler und ſolche Künſtler tragen,
locker um den Hals, und denk' nur an die Adreſſe
Deiner Briefe. Althergebrachte Schicklichkeit verlangt

es, auf der Adresse über den Namen „Er. Wohlgeboren" zu setzen, ich bin selber gegen das „Hochwohlgeboren", wenn man nicht an einen adeligen oder hochgestellten Beamten schreibt, wie aber titulirst Du Deinen alten Onkel? „Herrn Tobias Sachte, Stadtschreiber a. D.," daß ich mich vor dem Briefträger schämen muß, wenn er mir ein solches Couvert ins Haus bringt."

„Aber, bester Onkel!" rief Thiodolf wirklich bestürzt, „Du wirst mir das doch gewiß nicht als Mißachtung ausgelegt haben; hätte ich eine Ahnung davon gehabt, daß es Dich kränkt, aber es ist jetzt allgemeine Sitte."

„Ich weiß es", seufzte der alte Mann, „und habe es Dir deshalb auch nicht so übel genommen, wie es sonst gewiß der Fall gewesen wäre, ich erwähne es auch nur als ein Zeichen der Zeit, in der Alles, was sonst gut und löblich war, untergraben und blos leicht= sinnigem Volk Vorschub geleistet wird. Wie hat allein der aufgehobene Paßzwang das Land mit vagabundiren= dem Gesindel überschwemmt und selbst der Polizei ist es nicht mehr möglich, einen ehrlichen Mann von einem Gauner zu unterscheiden."

Thiodolf lächelte; „aber die größten Lumpe, Onkel", sagte er, „wußten sich früher immer die besten Pässe zu verschaffen und nur die ehrlichen Leute, besonders Geschäftsreisende, wurden damit chikanirt."

„Das sind eben Deine Ansichten, Thiodolf", nickte der Onkel, „die Polizei und das Gesetz chikaniren Niemanden. Sie sehen nur auf Das, was recht ist, und einer Verordnung, die für die Sicherheit Aller gegeben wurde, mußte sich dann auch natürlich jeder Einzelne fügen. Das soll aber jetzt Alles mit Dampf gehen, es thäte selber noth, daß die Beamten mit Dampf schrieben, und die Stenographie hat selbst dahin einen Anfang gemacht. Ich aber fühle mich, ·wie gesagt, glücklich, daß ich dazwischen heraus bin, denn ich passe nicht mehr für die neue Zeit, aber — die neue Zeit paßt auch vielleicht für mich nicht."

Thiodolf, der ein Thema zu vermeiden wünschte, von dem er wußte, daß ihre beiden Ansichten so weit auseinander gingen, suchte das Gespräch wieder auf den ihn weit mehr interessirenden Herrn van Beeker zu bringen; der alte Stadtschreiber ging aber nicht darauf ein.

Es kam Thiodolf ein paar Mal dabei fast so vor, als ob sein Onkel wirklich mehr von dem geheimnißvollen Herrn wisse, als er selber eingestehen mochte, wenn er aber da nicht reden wollte, so halfen ihm auch alle Versuche nichts, ihn zum Reden zu bringen, und er gab es endlich in Verzweiflung auf.

Viertes Kapitel.

Doctor Gieselbrecht.

Für den nächsten Morgen zehn Uhr hatte sich Thiodolf mit Bomeier dahin verabredet, daß der Letztere seinen Apparat im Garten der Krone aufstellen wollte, um das alte Hintergebäude zu photographiren, und sich den ganzen Tag dabei vorbehalten, um noch zehn oder zwölf andere Aufnahmen in der Stadt zu machen.

Der Morgen war wieder ziemlich frisch, Bomeier aber auch sehr pünktlich gewesen, denn mit dem Schlage Zehn betrat er, von zwei Leuten gefolgt, die den Apparat wie Alles sonst Nöthige trugen, den Garten, begrüßte den Freund, der ihn schon erwartete, und traf dann seine nöthigen Vorbereitungen.

Gäste saßen nur sehr vereinzelt im Garten und

Thiodolf, der keinen von ihnen kannte, hatte sich gar nicht um sie bekümmert. Jetzt trat der Eine von ihnen, ein noch junger, aber etwas auffallend gekleideter Herr mit einer rothen Sammtweste und schwarzer Sammt= pekesche, auf Bomeier zu, begrüßte ihn und frug ihn, wie es schien, etwas erstaunt, was er da machen wolle?

„Was ich machen will?" lachte dieser, „was ich gewöhnlich mache, eine Aufnahme, das alte, wunderlich zusammengewürfelte Hintergebäude will ich photographi= ren, als charakteristische Gruppe von Danneburg. Die Burg selber und den Rest der Festungswerke habe ich schon und nun soll noch das Rathhaus daran, die alte Waage, der Kettenthurm und einige andere alte Patricierhäuser, aber Sie erlauben vielleicht, lieber Doctor, daß ich die Herren einander vorstelle — Herr Thiodolf Plessen, Architekt, ein-alter, lieber Freund von mir — Herr Doctor Robert Gieselbrecht, sehr be= kannter und beliebter Schriftsteller und zugleich Re= dacteur unseres Danneburger Journals, das eine sehr hübsche Verbreitung in der Umgegend hat."

Die Empfehlung klang allerdings genau so, als ob Bomeier sagen wollte: „In Danneburg selber liest es kein Mensch", aber er dachte an nichts Derartiges; er war vollkommen harmloser Natur und glaubte da=

mit dem „Doctor" das größte Compliment gesagt zu haben.

„Sehr erfreut, Herr Plessen", sagte auch der Doctor, indem er Thiodolfs Hand nahm und derb schüttelte. „Sehr erfreut, Sie persönlich kennen zu lernen, habe schon von Ihnen gehört."

„Von mir?" sagte Thiodolf wirklich erstaunt, denn er war hier nur erst mit sehr wenig Menschen in Berührung gekommen, „das ist wohl kaum möglich, denn ich bin in der kurzen Zeit meines hiesigen Aufenthalts mit nur sehr wenig Menschen in Berührung gekommen."

„Und trotzdem", lächelte Doctor Giefelbrecht, „aber Sie wissen wohl, verehrter Herr, wir Vertreter der Presse erfahren nicht allein Alles, sondern müssen uns auch nach Allem erkundigen, oder es wäre unmöglich, die Spalten eines täglich erscheinenden Blattes — mit Ausnahme der Sonntage — zu füllen. Aber nun sagen Sie mir, bester Bomeier, wie kommen Sie auf den nicht allein merkwürdigen, sondern in der That glücklichen Gedanken, diese Mißgeburt eines Architektengehirns aufzunehmen, und ich frage nicht allein aus Neugierde, sondern interessire mich selber so dafür, daß ich Sie schon jetzt bitte, mir einen Abzug desselben zu reserviren. Aber nun sagen Sie mir auch, wie Sie gerade auf dies bestimmte Haus und noch dazu von dieser Seite aus, gefallen sind?" frug der Doctor weiter, der überhaupt, wenn er einmal etwas wissen wollte, nicht so leicht abzuschütteln war.

„Je nun", meinte Bomeier ausweichend, „in unserm Geschäft sucht man gewöhnlich Das vor, was eigenthümlich oder pittoresk aussieht, und Sie werden mir zugestehen, daß das hier der Fall ist."

„Ja, gewiß", rief der Doctor, „aber das Eigenthümliche zu finden und aufzufassen, das ist das Schwierige, und, nehmen Sie es mir nicht übel, Bomeier, aber Sie müssen dabei noch einen andern Grund gehabt haben. Ist Ihnen vielleicht einmal — wenn ich auch nicht begriffe wie — eine Erzählung, eine kleine Novelle zu Gesicht gekommen, die sich gerade auf dies Hintergebäude bezieht?"

„Eine Novelle?" mischte sich jetzt Thiodolf in das Gespräch, „ist über dies Haus etwas Derartiges erschienen?"

„Erschienen?" erwiderte der Doctor, und es schien fast, als ob ihn die Frage in Verlegenheit brächte, „erschienen nicht gerade, wenigstens noch nicht, aber geschrieben und auch gewissermaßen schon gedruckt."

„Schon gedruckt und nicht erschienen?" frug Bomeier, „das verstehe ich nicht."

„Es sind das eigene Verhältnisse", wich der Doc=
tor aus, „die ich Ihnen vielleicht ein ander Mal er=
zähle; also Sie haben sie nicht gelesen?"

„Kein Wort davon", sagte Bomeier treuherzig,
„und hier in Danneburg kann auch nichts davon be=
kannt geworden sein, sonst wäre gewiß genug darüber
gesprochen."

„Da haben Sie Recht", nickte ihm der Doctor
bedeutungsvoll zu, „aber wie sonst kamen Sie auf den
Gedanken?"

„Wenn ich aufrichtig sein will", sagte da Bomeier,
der indessen eifrig mit der Aufstellung seines Apparats
beschäftigt gewesen war und nicht den geringsten Grund
dafür sah, ein Geheimniß aus der Sache zu machen,
„so trägt da eigentlich Freund Plessen die Schuld.
Der hat es sich nämlich in den Kopf gesetzt, daß jene
verrückten Fenster da drüben auch irgend etwas Räth=
selhaftes bergen müßten, und da er keine Möglichkeit
sah, den innern Raum zu betreten, so wollte er we=
nigstens einen Abdruck der Außenseite haben."

„In der That?" sagte der Doctor und sah dabei
den jungen Architekten so erstaunt als forschend an,
„und haben Sie irgend einen bestimmten Grund für
Ihre Vermuthung, oder — wenn ich so sagen soll —
Ihren Verdacht?"

„Den allerdings nicht", sagte Thiodolf, indem er dabei lächelnd mit den Achseln zuckte, „es ist vielleicht nur eine fixe Idee von mir, oder ein Zusammentreffen von Umständen."

„Ein Zusammentreffen von Umständen?" frug der Doctor rasch.

„Ich darf es wohl nicht einmal selbst so nennen", sagte Plessen; „mit nur weniger Beschäftigung hier in Danneburg, und da ich selber Architekt bin, hat mich die wunderliche Bauart jenes Hauses zuerst angezogen; ich gab mir Anfangs Mühe, den innern Grundriß desselben nach den Fenstern herzustellen, stieß dabei aber auf ganz unerwartete Schwierigkeiten und dadurch mehr interessirt, gönnte ich dem alten Gebäude größere Beachtung, als es sonst gewiß der Fall gewesen wäre."

„Nur in architektonischer Hinsicht?"

„Anfangs allerdings, später aber fesselte auch das zeitweise Bewegen der Gardinen an einer bestimmten Stelle meine Aufmerksamkeit.

„Ha!" sagte Doctor Gieselbrecht und sah den Sprechenden scharf an, „und was bemerkten Sie dort?"

„Wenn ich aufrichtig sein will, gar nichts", erwiderte Thiodolf, „und nur einmal war es mir, als ob ich eine zarte weiße Hand bemerkt hätte, die —".

Der Doctor legte warnend den Finger seiner rechten

Hand an die Lippen und warf dabei einen vorsichtigen
Blick nach Bomeier hinüber, als ob er Thiodolf auf
dessen Anwesenheit aufmerksam machen und die Sache
geheim halten wolle. Bomeier, mit seiner Arbeit be=
schäftigt, hatte aber wirklich gar nicht auf die Er=
zählung geachtet; er selber, mehr realistischer Natur,
besaß nur sehr wenig Phantasie, weshalb er auch
in der Malerei nichts Hervorragendes schaffen konnte.
Er war gerade mit der Aufstellung seines Apparats
fertig geworden; die Dunkelkammer befand sich dicht
daran in einem kleinen Gemach, das ihm der Wirth
angewiesen, und da sich die Beleuchtung günstig zeigte,
begann er auch ohne Weiteres seine Aufnahme.

Thiodolf sah den Doctor allerdings etwas erstaunt
an, denn die geheimnißvolle Bewegung, die er machte,
konnte er sich nicht gleich erklären; aber sie schien sich
jedenfalls auf jenes alte Haus zu beziehen; wußte er
darüber etwas Bestimmtes und wollte er es Bomeier
etwa nicht merken lassen? Ehe er aber darüber ins
Klare kommen konnte, flüsterte ihm der Redacteur des
Danneburger Journals leise zu:

„Warten Sie hier auf mich, bis ich zurückkomme;
ich habe Ihnen etwas Wichtiges mitzutheilen, ich muß
es aber erst von zu Hause holen", und verließ dann
mit ziemlich eiligen Schritten den Garten.

Bomeier machte indeſſen in aller Ruhe zwei Auf=
nahmen, falls die eine etwa mißglücken ſollte und packte
dann ſeine Gerähſchaften wieder zuſammen, wobei er
ſeine Leute beorderte, gleich damit nach dem ſogenann=
ten Kettenthurm zu fahren, um dort, doch einmal un=
terwegs, ſeine Arbeit fortzuſetzen.

„Ich hoffe die Bilder ſind gut geworden", ſagte
er, als er ſich zum Gehen rüſtete, „begleiteſt Du mich,
ſo können wir unterwegs mitſammen plaudern, und
ich bin dann im Stande, Dir zu manchem der hieſigen,
nicht unintereſſanten Bauwerke eine kleine hiſtoriſche
Erklärung zu geben."

„Wohin gehſt Du jetzt zuerſt?"

„Zum Kettenthurm, weißt Du, wo der ſteht?"

„Ja, ich war dort, dann geh' Du nur voran, ich
folge Dir gleich nach, ich wollte hier nur noch eine
Zeitung durchblättern; wie mir von Hauſe gemeldet
wurde, ſoll eine Concurrenz für einen Bau ausgeſchrie=
ben ſein, und ich möchte das nicht überſehen."

„Gut, dann komme nach, ich werde dort ziemlich
eine Stunde zu thun haben."

Thiodolf blieb allein zurück; er nahm eine dort
liegende Zeitung auf und flog mit den Augen darüber
hin, aber er las nicht, denn es ging ihm im Kopf
herum, was das räthſelhafte Betragen dieſes „Doctors"

wohl könne zu bedeuten haben. Daß es mit dem Haus
da drüben in Verbindung stand, litt dabei keinen Zwei=
fel; konnte er etwas Näheres darüber wissen?

Er sollte wenigstens nicht lange in Ungewißheit
bleiben, denn Doctor Gieselbrecht kehrte bald zurück,
und sein umherschweifender Blick zeigte, daß er befrie=
digt war, den Photographen nicht mehr hier zu finden.
Er ging auch ohne Weiteres auf Thiodolf zu, und
sich bei dem Kellner Bier bestellend, sagte er:

„Sie interessiren sich für das alte Gebäude da
drüben oder wenigstens für die Insassen desselben; habe
ich Recht?"

„Ich kann es nicht leugnen", lächelte Thiodolf
etwas verlegen, „aber ich weiß nicht einmal, ob es
nicht mehr Neugierde als wirkliches Interesse ist. Das
räthselhafte Durcheinander der Bauart erregte zuerst
meine Aufmerksamkeit, und mit eigentlich keiner wirk=
lichen Beschäftigung hier, fiel ich auf allerlei aben=
teuerliche Gedanken."

„Abenteuerliche? — so?" sagte der Doctor, in=
dem er in die Brusttasche griff und daraus ein halb
Dutzend bedruckte Papierstreifen nahm, „und welcher
Art waren die?"

„Ja", lachte Thiodolf, „eine bestimmte Form ha=
ben sie noch nicht erhalten und werden es auch wohl

nicht, denn wie ich höre, empfängt der Eigenthümer jenes Hauses keine Besuche und hält sich auch ziemlich abgeschlossen von der Welt; aufdrängen kann man sich aber nicht, ohne sich einer Zurechtweisung auszusetzen, und das möchte ich nicht."

„Sie wollten ihn besuchen?" rief der Doctor rasch.

„Wenn es ein schlichter Bürger gewesen wäre", sagte der junge Architekt, so würde ich ihn einfach um die Erlaubniß gebeten haben, nur im Interesse meines Berufs das alte Bauwerk einmal zu durchwandern, da er aber so zurückgezogen und fast geheimniß= voll hier lebt, würde dieser Herr van Becker meiner Neugierde einen ganz andern Grund unterschieben und seine Antwort wäre vorauszusehen."

Der Kellner brachte gerade das verlangte Bier und Doctor Gieselbrecht schwieg, bis er sich wieder zurückgezogen; dann sagte er, das Packet Druckstreifen noch immer in der Hand haltend:

„Mein lieber Herr, wie war doch gleich Ihr Name?"

„Thiodolf Plessen."

„Mein lieber Herr Plessen, ehe Sie vollständig begreifen können, was ich Ihnen jetzt mittheilen will, muß ich etwas weiter ausholen, will mich aber so kurz als möglich dabei fassen. Ich bin, wie Sie vorher

durch Freund Bomeier erfahren haben, Schriftsteller
und Redacteur, wie Eigenthümer des hiesigen Danne=
burger Journals, das schon eine recht hübsche Verbrei=
tung hat, nur allein in diesem Jahre ist die Abonnen=
tenzahl um einhundertzweiundbreißig gewachsen. Sie
begreifen aber dabei, daß ich mich, wenn ich auch ge=
wissermaßen unsere politischen Verhältnisse und Zu=
stände verfolge und dabei auf der Höhe der Zeit blei=
ben, daß ich, als Redacteur eines Localblatts, auch
den localen Zuständen Rechnung tragen, und das Pu=
blikum mit dem au courant halten muß, was hier in
Danneburg selber geschieht. Allein kann ich das na=
türlich nicht ausführen, ich habe also dazu meine Be=
richterstatter, die mich wenigstens aufmerksam machen.
Nun geschieht aber in Danneburg, wie Sie wohl be=
greifen werden, nicht viel. Es geht wohl einmal ein
Pferd durch, oder es wird irgend etwas gestohlen —
zu einem Einbruche bringen wir es hier sehr selten —
neulich kam auch sogar einmal ein Kind unter einen
Wagen, aber mit einer leichten Quetschung davon und
der Kutscher erhielt auf der Polizei einen Verweis."

„Aber Sie wollten mir ja über das alte Gebäude
da drüben —".

„Ich bin schon dabei", sagte der Doctor, dessen
Steckenpferd seine eigene Zeitung war. „Wie ich Ihnen

nur erläutern wollte, so geschieht in Danneburg nicht
viel Außergewöhnliches und als vor jetzt drei Jahren
Herr van Beeker hierher zog, das große alte Haus
kaufte und bezog, und dann bei keinem Menschen Vi=
site machte, da können Sie sich wohl denken, daß in
der ganzen Stadt von weiter nichts als dem neuen
Mitbürger gesprochen wurde und die verschiedensten
Vermuthungen dabei auftauchten. Meine Berichter
statter lagen dabei Tag und Nacht auf der Lauer und
brachten auch heraus, daß, außer dem zahlreichen Mo=
biliar, Herr van Beeker mit seiner Gemahlin und zahl=
reicher Dienerschaft eingetroffen sei; aber das Wunder=
liche dabei blieb, daß zwei von ihnen behaupteten,
eine verschleierte Dame gesehen zu haben, die, wie sie
fest versichern, das Haus betrat, aber von der Zeit an
nicht mehr gesehen ist."

„Eine verschleierte Dame?" sagte Thiodolf auf=
merksam werdend.

„Allerdings", nickte der Doctor bedeutungsvoll,
„und auf meine Leute kann ich mich fest verlassen, die
Thatsache stand fest; jetzt galt es aber weiter darnach
zu forschen und daß ich alle Minen springen ließ, um
Das zu erreichen, das — dürfen Sie mir glauben."

„Und waren Sie glücklich?"

„Hören Sie. Einer von meinen Berichterstattern

ist ein junger unternehmender Mann, mit Geist dabei, den ich oft sogar, wenn es die Noth erheischt, zum Theaterreferenten benutze, und der sich immer mit großem Geschick, selbst in den schwierigsten Fällen durch= zuwinden weiß. In dem neu bezogenen Hause des alten Herrn waren noch manche Reparaturen oder we= nigstens Veränderungen nöthig, und in der ersten Zeit wurden bald Tapezierer, bald Tischler, bald Ofensetzer herbeigezogen, um diese auszuführen. Meinem Referen= ten aber, dem ich ein anständiges Honorar versprochen hatte, gelang es, sich als Tapezierergehülfen dort einzu= führen. Er gelangte solcher Art in das Haus und ein glücklicher Zufall wollte es, daß er dazu verwandt wurde, in einem der wie durcheinander geworfenen Zimmer, von denen man, um von einem ins andere zu gelangen, immer Treppen auf= oder absteigen muß, eine Mauer zu durchbrechen und eine Tapetenthür dort anzubringen. Er hatte, allerdings einen wirklichen Ta= pezierer als Gehülfen bei sich, aber die Arbeit ging ihm natürlich nicht so von der Hand und es wurde Abend, ehe er sie beenden konnte. Es herrschte, seiner mündlichen Aussage nach, schon beginnende Dämmerung in den überhaupt etwas düsteren Räumen des Hinter= gebäudes; der Geselle war in dem Nebenzimmer, um die Tapeten zu schneiden und zu kleistern, und mein

Berichterstatter eben damit beschäftigt, die Reste mit dem Werkzeug zusammenzulegen, als sich plötzlich die nächste Thür fast geräuschlos öffnete und eine, vollkommen in weiße, wallende Gewänder gekleidete Gestalt, ohne ihn gleich zu bemerken, das Zimmer betrat."

„Ist es möglich?" rief Thiodolf, der der Erzählung jetzt mit der gespanntesten Aufmerksamkeit folgte.

„Mein Berichterstatter", fuhr der Doctor fort, „blieb eingewurzelt an seiner Stelle wie vor einer Erscheinung; unwillkürlich mochte er doch wohl eine Bewegung gemacht haben, die das Auge der Jungfrau auf sich zog, rasch wandte sie das lockige Haupt auf ihn zu und starrte ihn einen Moment wohl selber erschreckt an!"

„Und war sie jung?"

„Eine hebeähnliche Gestalt, eine aufknospende Rose", brach der Doctor in Begeisterung aus. „Das Antlitz allerdings bleich, aber von Engelsschöne, mit rabenschwarzen Locken und dunklen Augen, mit Lippen wie zum Kuß geschaffen und, durch das weiße wallende Gewand vielleicht, wie von überirdischem Duft umflossen."

„Und was that sie?" rief Thiodolf, dessen Blick dabei unwillkürlich nach dem alten Gebäude hinüberschweifte.

„Was sie that?" sagte der Doctor. „Kaum erkannte
sie in der halben Dämmerung die fremde Gestalt, als
sie einen leisen, aber nur eben hörbaren Schrei aus=
stieß und sich zur Flucht wandte. Mein Berichterstatter,
sonst ein sehr energischer junger Mann, wollte ihr
auch im ersten Augenblick folgen und sie zurückhalten,
aber er versicherte mir nachher, die Glieder seien ihm
vor Erstaunen und Bewunderung wie gelähmt gewesen;
wie eine unsichtbare Gewalt habe es ihn gehalten, und
als er endlich den Zauber, der ihn befangen hielt, ab=
schüttelte, war die Erscheinung, denn als solche wollte
er es betrachten — verschwunden."

„Verschwunden?"

„Wenigstens durch die Thür, die sich wieder hin=
ter ihr schloß, entflohen."

„Und hat Herr van Beeker niemals über diesen
Insassen seines Hauses Aufschluß gegeben? Haben Sie
selber keine Anzeige bei der Polizei gemacht?"

„Mein lieber, verehrter Herr", sagte Doctor Gie=
selbrecht, „das klein wenig Poesie und Romantik, was
wir gegenwärtig noch in unserm durchaus materiellen
Leben und Treiben finden, ist so außerordentlich spär=
lich hinein gestreut, daß wir Schriftsteller, die wir es
so nothwendig wie das liebe Brod zu unserer eigenen

Exiſtenz brauchen, auch die Letzten ſein müſſen, die es
ſich ſelber muthwillig zerſtören, ja wir ſind ſogar
gezwungen, ſo haushälteriſch als möglich damit umzu=
gehen. Ueberdies ſchien mir die Sache ein kitzlicher
Punkt, gewiſſermaßen ein Familiengeheimniß und
ſelbſt bei einem einfachen Bericht hätte ich keinen Na=
men nennen dürfen, wenn ich mich vorher nicht ſicher
ſtellte, daß mir nicht das Gegentheil bewieſen werden
konnte. Aber ich hatte jetzt wenigſtens einen Anhalt,
auf dem ich weiter bauen durfte. Mein Berichterſtatter,
der ſich, wie geſagt, eines anſtändigen Honorars ver=
ſichert wußte, entwickelte ſeine ganze Thätigkeit, knüpfte
ſogar unter den ſchwierigſten Verhältniſſen, und na=
türlich nur zum Scheine, ein Liebesverhältniß mit einem
der Hausmädchen an, und bald entwickelte ſich aus
dieſer erſten Figur ein förmlicher Romanſtoff, an den
ich denn auch mit Luſt und Liebe ging, um ihn für
meine Zeitung zu bearbeiten. Ich zweifle auch keinen
Augenblick, daß er Senſation gemacht haben würde;
aber er wurde unterdrückt.“

„Unterdrückt? Von wem?“

„Natürlich von dem Polizeidirector, dem ich den
erſten Abdruck einreichte.“

„Und mußten Sie den erſt bei der Polizei ab=

liefern? So viel ich weiß, haben wir doch jetzt in ganz Deutschland Preßfreiheit!"

„Allerdings", sagte Doctor Giesebrecht, aber doch etwas verlegen, „es kann mir ja Niemand verwehren irgend etwas zu drucken, das nicht gegen die bestehen= den Gesetze verstößt oder zu Haß und Verachtung ge= gen gesetzliche Einrichtungen oder königliche Beamte anreizt, aber wissen Sie, wenn man selbst Eigenthümer eines Blattes ist, so bleibt es doch immer fatal, wenn Einem nur einzelne Nummern confiscirt werden, und man geräth dabei nicht allein mit den Gerichten in Unannehmlichkeit, sondern setzt sich auch noch pecuniären Verlusten aus. Ich zog es deshalb, und besonders beim ersten Beginn meiner Zeitung vor, in zweifelhaften Fällen vorher bei der betreffenden Behörde anzufragen, was mir oft bedeutende Unbequemlichkeiten erspart. Es geschieht das überhaupt sehr häufig."

Thiodolf lächelte; es schien ihm eine eigenthüm= liche Art und Weise, von der Preßfreiheit Gebrauch zu machen, aber er erwiderte nichts und der Doctor fuhr fort: „Unser Polizeidirector — man soll von Ab= wesenden nichts Böses reden — und von Anwesenden thut man es überhaupt nicht — aber unser Polizei= director ist, unter uns gesagt, ein — hm — na, Sie

verstehen schon, was ich meine. Wenn sie einen armen
Teufel einbringen, fährt er ihn an, daß kein Hund
mehr ein Stück Brod von ihm nehmen möchte, und
mit den reichen Leuten in der Stadt mag er es nicht
verderben. Da können Sie sich wohl denken, daß ihm
die Geschichte nicht recht war, denn wenn ich auch keine
Namen genannt, oder doch nur verändert angegeben
hatte, so konnte ein Blinder sehen, wer in der kleinen
Novelle gemeint war. Er erklärte mir also ganz ein=
fach, es thäte ihm leid, aber sobald Das in meiner
Zeitung abgedruckt würde, müßte er die Nummer con=
fisciren und außerdem könne es mir noch die schönste
Jujurienklage auf den Hals ziehen. Natürlich unter=
blieb der Druck vor der Hand, aber ich ließ den Satz
stehen und beschloß dabei, mich womöglich noch genauer
zu informiren und wenn ich Gewißheit erreicht hätte,
dann mit voller Entschiedenheit vorzugehen, und nur
der rohen Gewalt zu weichen. Ich will und muß
diesem Miniaturbespoten in Danneburg zeigen, daß
die Wahrheit doch zuletzt siegt. Jenes Haus da drüben,
birgt allerdings ein Geheimniß, aber auch ein Verbre=
chen; ein junges, bildschönes Mädchen wird dort ein=
geschlossen und wie eine Gefangene gehalten, dunkle
Familienverhältnisse liegen zu Grunde, die ich hier auch
in scharfen Umrissen in meiner Skizze angedeutet habe;

eine bedeutende Erbschaft bildet jedenfalls das Motiv
und das unglückliche Opfer verschmachtet in einem Ker=
fer, und wenn er selbst mit Glanz und Reichthum aus=
gestattet wäre, sein junges Leben."

„Glauben Sie wirklich?" sagte Thiodolf und sein
Antlitz glühte dabei, sein Herz klopfte ihm, nur bei
dem Gedanken, vielleicht rettend da eingreifen zu kön=
nen, fast hörbar in der Brust.

„Lesen Sie das, was ich hier aufgesetzt habe,
ruhig durch", versicherte der Doctor, indem er ihm die
bedruckten Streifen gab. „Das Netz um den Verbre=
cher zieht sich fester und fester zusammen, und wie der
Herr jetzt mit der ganzen Brust voll Orden herum=
läuft, soll er gedemüthigt werden, bis in den Staub
hinab."

„Noch Eins. Können wir uns vielleicht heute
Abend hier wiederfinden?"

„Die Abende bin ich allerdings meist durch mei=
nen alten Onkel, bei dem ich wohne, in Anspruch ge=
nommen", sagte Thiodolf, „paßt es Ihnen nicht mor=
gen früh, so früh Sie wollen?"

„Also morgen früh um acht Uhr vielleicht, um
neun Uhr muß ich in meiner Redaction sein."

„Sie dürfen sich fest darauf verlassen. Ich werde

Sie von halb acht Uhr an erwarten, denn in den Morgenstunden bin ich vollkommen frei."

„Das ist abgemacht", sagte der Doctor, schüttelte ihm die Hand und verließ dann mit raschen Schritten den Garten.

Fünftes Kapitel.

Enthüllungen.

Thiodolf war ungemein gespannt darauf, den In=
halt der bedruckten Papierstreifen zu lesen, setzte sich
deshalb gleich in den Garten hin und überflog die
Skizze, zuerst nur einmal rasch und flüchtig, dann aber
aufmerksamer und mit dem größten Interesse. Der
Verfasser hatte darin allerdings nicht Danneburg und
Herrn van Beeker direct mit Namen genannt, aber so=
fort erkannte er darin die betreffende Persönlichkeit
und war besonders überrascht, daß auch ein Stadtschrei=
ber, der allerdings hier Domeier genannt wurde, eine
Rolle spielte; konnte das sein eigner Onkel sein? Der
Eindruck aber, den der ganze Artikel auf ihn machte,
war entschieden der einer Anklage, weniger gegen den
betreffenden Hausbesitzer, als gegen den Magistrat ge=

richtet, welcher buldete, daß in seinen Mauern irgend
ein zufällig sehr reicher Fremder seine Tochter in
Kerkerhaft und so geheim halte, daß selbst ihr Name
schon jetzt aus der „Liste der Lebenden" gestrichen sei
und ihre Existenz nicht einmal festgestellt werden konnte.
Auf der Polizei war nämlich in der Liste der Haus=
bewohner nur Herr und Frau van Beeker und dann
das Dienstpersonal angegeben worden, einer Tochter
oder Verwandten aber keine Erwähnung gethan. So=
bald deren Anwesenheit aber bewiesen werden konnte,
lag allerdings eine Fälschung, wenn auch nur der sta=
tistischen Berichte vor, dem Gerichte aber auch ob, zu
untersuchen, wie sich der eigentliche Thatbestand stelle.
Kein menschliches Wesen durfte von einer Privatperson,
in welcher Verwandtschaft auch immer, wider seinen
Willen eingeschlossen gehalten werden und geschah das
trotzdem, so konnte gegen den Thäter die ganze Strenge
des Gesetzes angerufen werden.

Das war der ungefähre und allgemeine Inhalt; als
Einzelheit hob aber der Verfasser unverblümt hervor,
daß allerdings ein junges zartes, weibliches Wesen
dort in dem Hause existire, von dem Niemand in der
Stadt, selbst die Polizei nicht, etwas wisse; er verlangte
deshalb eine genaue Untersuchung der betreffenden
Räumlichkeiten, widrigenfalls er ziemlich deutlich damit

6*

drohte, weitere Enthüllungen zu geben, um den Schul=
digen endlich zu zwingen, entweder sich zu vertheidigen
oder die Stadt nicht länger durch ein solches Ver=
brechen zu entweihen und sie zu verlassen.

Thiodolf wunderte sich allerdings keinen Augen=
blick darüber, daß der Polizeidirector, wenn einmal
erst befragt, seine Erlaubniß zu dem Abbruck dieser,
wenn auch halb novellistisch gehaltenen Skizze ver=
weigert hatte; auch die Polizei will ihre Ruhe haben
und setzt sich nicht gern muthwillig selber unange=
nehmen Erörterungen aus. Daß aber der Doctor vor=
her dort angefragt hatte, das ärgerte ihn, denn wäre
diese Anklage erst einmal gedruckt erschienen gewesen, so
mußte der Magistrat, also mit der Nase darauf ge=
stoßen, einschreiten und, konnte es nicht mehr um=
gehen.

Gespannt war er übrigens jetzt darauf, Doctor
Gieselbrechts neue Auseinandersetzungen zu hören, denn
dieser wollte ja noch neuere Entdeckungen gemacht haben.
Und hatte sein Onkel wirklich mit der Sache etwas zu
thun gehabt? Er beschloß, ihn jedenfalls einmal dar=
über auszuhorchen, was keinenfalls schwer sein konnte;
jetzt mußte er nur vor allen Dingen seinen Freund
Bomeier wieder aufsuchen, dem er ja versprochen hatte,
mit zum sogenannten Kettenthurm zu kommen.

Dieser hatte ihn schon sehnsüchtig erwartet und theilte dem Freunde mit, daß er ihn gleich mit einem Paar seiner Verwandten bekannt machen wolle. Als er ihn in Kunigundens Zimmer führte, die ihn huld= voll lächelnd empfing, fand Thiodolf dort zwei Her= ren.

Der Eine derselben war eine recht fade, nichts= sagende Gestalt, ein Vetter von Kunigunde Bomeier und hier beim Gericht angestellt; er hatte falsches Haar, falsche Zähne, falsche Vatermörder und eine falsche goldene Uhrkette und trug im linken Ohr so= gar einen kleinen Ohrring; er hieß Mutzelbring und sah auch so aus, sprach entsetzlich durch die Nase und stotterte dabei etwas; der andere Herr zeigte dagegen eine breite, behäbige Gestalt, mit einem gutmüthigen, fast zu vollem Gesicht, aus dem aber die hellen grauen Augen lebhaft hervorblitzten.

Als er Thiodolf als Kunigundens Onkel, „Maurer= meister Behrens und Stadtverordneter" vorgestellt wurde, sah er den jungen Architekten aber scharf an, streckte ihm endlich die Hand entgegen und sagte halb lachend: „Alle Wetter, Herr Plessen, ich dächte wir Beide wären schon mit einander bekannt geworden und zwar näher, als mir für den Augenblick lieb war. Sind wir nicht Beide neulich tüchtig zusammengerannt?"

Thiobolf sah ihn einen Moment wie erstaunt an, aber rasch erinnerte er sich auch wieder und während ein leises Roth seine Wangen färbte, erwiderte er: „Ich habe mir nachher noch über meine Ungeschicklich= keit Vorwürfe gemacht und hoffe nur, daß ich Ihnen nicht sehr weh gethan."

Der Maurermeister schüttelte lächelnd mit dem Kopf, „so leicht nicht", sagte er dabei, „dazu gehört schon eine kleine Locomotive, aber einen tüchtigen Stoß gabs im Anfang doch."

Plötzlich tönten von der Straße herauf laute ju= belnde und jauchzende Stimmen und Meister Behrens sprang ans Fenster, kehrte aber schon im nächsten Au= genblicke mit einem verdrießlichen Gesicht zurück und nahm seinen Platz wieder ein.

„Was giebts, Onkel?" frug Bomeier, der gerade eine Flasche Wein öffnete.

„Ach," sagte Behrens ärgerlich, „unsere Herren Ge= sellen feiern den Beginn ihres goldenen Zeitalters und beten das Fell an, das sie uns über die Ohren gezo= gen haben. Hol' sie der Teufel! Ich will mir heute den Tag nicht dadurch verderben lassen. Eine Schande ist's aber, daß die Polizei das duldet und nicht dagegen einschreitet, denn das Gesindel schreibt jetzt der ganzen Stadt seine Befehle vor und selbst accordirte Arbeit respectiren sie nicht mehr. Aber wir geben nicht nach und wenn ich nicht gerade an zwei Stellen fest zuge= sagte und schon begonnene Arbeit hätte, könnte meinet= wegen die ganze Bande Danneburg verlassen, ich nähme keinen von ihnen wieder in Arbeit."

„Ja", sagte der Vetter achselzuckend, „wa — was kann die Polizei thun, wir haben das neue Coa — a — a — a — litions=Gesetz."

„Ja wohl", nickte Behrens finster „und was da= mit für Unheil angestiftet wird, kann noch gar kein Mensch absehen."

„Wo hast Du denn jetzt so nothwendig Arbeit, Onkel?" frug Kunigunde.

„O, zum Henker", sagte dieser, „das neue Haus für den Banquier Levy und dann ein Umbau bei dem alten Herrn van Beeker, dem ich vorgestern erst die eine Wand gestützt und eingerissen habe und der nun bis über die Ohren in Schutt und Mauersteinen sitzt."

„Bei Herrn van Beeker?" rief Thiodolf rasch, „dem alten Sonderling?"

„Kennen Sie ihn? — O das ist ein alter, sehr achtbarer Herr, wenn er auch vielleicht ein paar Schrul= len hat, die aber natürlich Niemanden etwas angehen. Was soll ich jetzt machen? Ein paar Lehrjungen habe ich noch zu Hause, auf die ich mich aber natürlich nicht verlassen kann und wenn ich auch selber mit arbeiten wollte, so reicht das doch nicht aus."

Die übrige Gesellschaft interessirte sich nicht für den Maurerstrike und das Gespräch wandte sich bald wieder anderer Richtung zu. Nur Thiobolf war merkwürdig schweigsam geworden und gab sogar ein paar Mal, wenn er angeredet, ganz verkehrte Antworten. Er verabschiedete sich bald und suchte noch gegen Abend selber den Doctor Gieselbrecht auf, um Weiteres von ihm zu erfragen, fand ihn aber nicht mehr auf der Redaction, wie auch nachher nicht in seinem Hause. Er hatte, wie ihm das kleine Mädchen dort sagte, eine Einladung erhalten und würde wohl vor zehn Uhr Abends nicht zurückkehren; es blieb ihm also nichts übrig, als den andern Morgen abzuwarten.

Als er ziemlich spät zu seinem Onkel zurückkehrte, fand er den alten Herrn ihn schon sehnsüchtig erwartend.

„Ei, ei, ei, ei, Thiobolf," sagte dieser, „Du fängst mir ja an liederlich zu werden; es ist schon sieben Uhr und so lange bist Du doch nicht bei Deinem Diner gewesen."

„Ach, bester Onkel, ich hatte —"

„Na laß nur gut sein", unterbrach ihn der Alte

gutmüthig, „wir trinken jetzt unseren Thee mitsammen. Heute Abend gehst Du doch nicht mehr aus?"

„Nein, gewiß nicht, Onkel."

„Schön, dann bleiben wir hübsch beieinander und nun setz' Dich dahin und zünde Dir eine Cigarre an."

Thiodolf sollte jetzt erzählen, wie er den heutigen Tag verbracht und was er getrieben habe und es wurde dem jungen Mann dabei entsetzlich schwer, dem Onkel nicht merken zu lassen, daß er sich — in Ge= danken wenigstens — fast mit weiter nichts beschäftigt habe, als den geheimnißvollen Verhältnissen der Fa= milie Beeker. Da er aber einmal den Verdacht ge= faßt, daß sein Onkel früher mit derselben in Verbindung gestanden, ja vielleicht noch stehe, so mußte er dabei außerordentlich vorsichtig zu Werke gehen und nur von ungefähr suchte er nach und nach das Gespräch auf den alten, so wenig mit der Außenwelt verkeh= renden Herrn zu bringen. Aber sein Onkel wich selbst dann aus und suchte die Unterhaltung nach anderer Seite abzuleiten; das verhinderte Thiodolf indeß.

„Es ist merkwürdig, Onkel", fing er nach einer kleinen Pause wieder an, „was für wunderliche Ge= rüchte hier überall in Danneburg über diese eine, doch ganz abgeschlossen lebende Familie coursiren und etwas

Wahres, wie man im gewöhnlichen Leben sagt, soll doch fast stets an solchem Stadtklatsch sein —"

„Da hast Du das rechte Wort gebraucht", sagte der alte Mann rasch und eifrig, „Stadtklatsch" und weiter nichts. Laß Dir keinen Unsinn in den Kopf setzen, Thiodolf, und glaube nicht, was das neugierige Volk schwatzt, das nur wüthend darüber ist, daß es nicht überall in des Mannes Hause herumschnüffeln darf. Ja wohl, Anfangs, wie er eben hergekommen war, da wollten ihm Alle die Visite machen, um nachher na= türlich eingeladen und abgefüttert zu werden; wie er sich aber mit der Gesellschaft nicht einließ, den Herrn Regierungsrath und Herrn Commerzienrath und wie die Titel alle lauten, gewissermaßen vor den Kopf stieß, keinen Besuch annahm und keinen erwiderte, da blieben sie ihm wohl ins Gesicht hinein höflich, denn er war reich und man wußte nicht, wie man ihn vielleicht noch einmal brauchen könnte, aber hinter seinem Rücken räsonnirten sie desto mehr, sagten ihm alle möglichen Schlechtigkeiten nach und hätten es am allerliebsten ge= sehen, wenn er von der Polizei verhaftet und ins Zucht= haus gesteckt wäre."

„Beschuldigt man ihn denn eines Verbrechens?" frug Thiodolf so unbefangen als möglich.

„Hm", sagte der Stadtschreiber, der augenscheinlich

die Frage nicht direct zu beantworten wünschte, „was
weiß ich, was sie Alles in ihren Grützköpfen aushedten:
Spuckgeschichten, Geister, die dort umgingen, Burgver-
ließe und laute Schreie, die man um Mitternacht gehört haben wollte. Es gab Anfangs gar nichts Tolles,
was sie nicht ausbrüteten, bis endlich Jahre darüber
vergingen, der alte Herr hier ruhig und harmlos fort-
lebte und das Geschwätz nicht so viel achtete, ja vielleicht nicht einmal erfuhr. Da bekamen sie es endlich
auch satt. Es war mit der Geschichte nichts anzufangen
und all das alberne Geschwätz schlief fast so rasch ein,
wie es entstanden war. Nur wenn noch manchmal ein
Fremder hier eintrifft, so lügt ihm vielleicht ein schlauer
Lohndiener den Buckel voll und wärmt die alten Sagen
wieder auf, sonst hört man nichts mehr davon. Du
scheinst Dich übrigens sehr für den alten Herrn zu
interessiren?“

„Wenn ich aufrichtig sein soll, ja, Onkel und ich
muß Dir auch gestehen, daß ich fest überzeugt bin,
etwas Wahres ist an den Gerüchten und das alte
Haus birgt etwas, das das Licht zu scheuen hat.“

„Wenn Du den alten Weibern in der Stadt also
mehr glaubst, als Deinem Onkel, so werde ich's nicht
ändern“, sagte der alte Mann, „soviel aber kann ich
Dir sagen, Herr van Beeker ist ein durchaus ehren-

werther und braver Herr und wenn er die albernen
Gerüchte, die wider ihn im Umlauf sind, nicht wieder=
legt, oder sich eigentlich gar nicht um sie kümmert,
sondern ruhig seinen geraden Weg geht, so beschämt
er damit in den Augen der Vernünftigen wenigstens,
das ungebildete Volk. Nun aber sei so gut und sprich
von etwas Anderem; Dir vielleicht ist die Sache
noch neu und deßhalb interessant, ich aber habe sie
Jahre lang durchhecheln hören und kann Dir versichern,
daß ich ihrer herzlich überdrüssig bin."

Das Gespräch war damit abgebrochen und Thio=
dolf fühlte recht gut, daß er darauf nicht zurückkommen
dürfe, wenn er seinen Onkel nicht böse machen wolle,
sich aber auch dabei fest überzeugt, daß er mehr da=
von wisse, als er eingestehen mochte, denn in anderen
Fällen zeigte sich der alte, sich sehr gern unterhaltende
Herr keineswegs so abgeneigt, selber mit ein wenig
auf sogenannten „Stadtklatsch" einzugehen. Ja, er
hatte ihm sogar vor einigen Tagen eine sehr hübsche
Geschichte von der Frau Bürgermeisterin erzählt, für die
er aber, für die Geschichte nämlich, selber erklärte,
nicht einstehen zu können.

Desto gespannter war Thiodolf darauf am andern
Morgen den Doctor Gieselbrecht zu sprechen und fand
sich auch pünktlich zu der angegebenen Zeit auf seinem

Platz ein, wo ihn der Doctor kaum zehn Minuten
warten ließ.

„Nun?" meinte dieser, als er ihn freundschaftlich
begrüßt hatte, „was sagen Sie zu dem Manuscript?
Haben Sie es gelesen?"

„Gewiß, wieder und wieder", versicherte Thiodolf,
indem er es dem Eigenthümer zurückgab, „aber Man=
ches ist mir trotzdem unklar geblieben."

„Und darf ich fragen was?"

„Sie sprechen darin die fast zur Gewißheit ge=
steigerte Vermuthung aus, daß ein weibliches Wesen
hinter jenen Fenstern, die auch schon meine Aufmerk=
samkeit an mich gezogen, gefangen gehalten werde.
Wie ist das aber in einer solchen belebten Stadt und
noch dazu unmittelbar an einen Restaurationsgarten
stoßend, möglich und denkbar, denn die Unglückliche
brauchte ja doch nur eine der Scheiben zu zerbrechen
und um Hülfe zu rufen und daß dann die Volks=
stimme schon, wenn sich der Magistrat nicht selbst da=
durch veranlaßt sehen sollte, eine Haussuchung zu hal=
ten, ihn dazu zwingen würde, unterliegt doch keinem
Zweifel."

Doctor Gieselbrecht nickte düster mit dem Kopf.

„Sie haben Recht", sagte er, „es scheint so, es scheint
aber auch nur so, denn wir wissen", flüsterte er dem

jungen Manne zu, „daß solche Fluchtversuche früher mit der größten Strenge bestraft wurden und das Winseln, und Schreien der Unglücklichen ist von meinem Berichterstatter, wie auch von anderen Leuten mehr= mals gehört worden. Die Leute erboten sich sogar, ihre Aussage vor Gericht eiblich zu erhärten, wurden aber abgewiesen und der Magistrat erklärte damals, daß er nicht gegen den Fremden einschreiten könne und werde, bis nicht eine bestimmte Klage gegen ihn von irgend einer bestimmten Person eingereicht würde. Dann allerdings wolle er die Sache untersuchen, mache aber Jeden darauf aufmerksam, daß sie die Folgen einer falschen Anklage und Verdächtigung nach= her auch selber zu tragen hätten. Auf einen gewöhn= lichen Stadtklatsch hin, könne er nicht einen sonst fried= lichen und braven Bürger belästigen.

„Was ich Sie fragen wollte", sagte Thiodolf, dem bei dem Worte „Stadtklatsch" sein Onkel einfiel. „Ist der Stadtschreiber, den Sie in Ihrer Skizze er= wähnen, eine hier lebende Persönlichkeit?"

„Gewiß? alle darin angeführten Personen?"

„Der pensionirte Stadtschreiber Sachte?"

„Allerdings. Aber wie kommen Sie auf Den?"

„Es ist mein Onkel, bei dem ich wohne —"

„Alle Wetter!" rief Doctor Gieselbrecht, doch

etwas bestürzt, „der könnte Ihnen allerdings, wie ich fest glaube, ziemlich genaue Auskunft geben, wenn ihn nicht das Amtsgeheimniß bände."

„Aber, mein bester Herr Doctor", bemerkte Thiodolf, „mein alter Onkel ist ein höchst ehrenwerther Mann und als solcher bekannt; er würde, davon bin ich fest überzeugt, zu nichts die Hand geboten haben, das auch nur im Entferntesten den Schein eines Unrechts an sich trüge."

„Kein Mensch spricht davon, kein Mensch vermuthet etwas dem Aehnliches", rief der Doctor eifrig „Was er mit ihm zu thun hatte, war nur allein geschäftlicher Natur, und daß der Stadtschreiber dabei keine entscheidende Stimme haben darf, wissen Sie gut genug. Ich klage auch unseren Magistrat nicht etwa an, bei einer unrechten Sache etwa die Hand mit im Spiele zu haben, weit entfernt davon. Nein, in was ich ihm die Schuld gebe, ist allein, dem vornehmen und reichen Manne gegenüber die Augen zugedrückt zu haben, wonach dann der Fremde in seinem Haus wirthschaften konnte wie er wollte. Der Magistrat weiß, wie ich fest überzeugt bin, nichts von einem wirklichen Verbrechen, aber daß er das eben nicht weiß, ist die Schuld, die er sich aufgeladen."

„Und Sie glauben also wirklich, daß ein solches
vorliegt?"

„Ich glaube gar nichts, verehrter Herr", sagte
Doctor Gieselbrecht, „ich weiß es bestimmt, und die
näheren Daten, die ich Ihnen noch angeben will, sind
überzeugend. Mein Berichterstatter, der eine Zeit lang
jeden Morgen diesen Garten besuchte und von hier aus
jene Fenster beobachtete, hat nicht allein ein paarmal
eine feine weiße Hand an diesem Fenster, nein, einmal
sogar das bleiche, thränenüberströmte, aber engelschöne
Gesicht des jungen Wesens erkannt. Angegeben ist die
junge Dame aber in der Liste der hiesigen Einwohner
nicht, wovon ich mich auf der Polizei genau selber
überzeugt habe. Eingetragen steht nur Herr van Beeker,
Frau und Dienerschaft, und jetzt frage ich Sie, ob
Sie noch mehr Beweise wollen?"

Thiodolf sah eine Weile still und kopfschüttelnd
vor sich nieder. „Die Sache ist", sagte er endlich,
„jedenfalls dunkel und räthselhaft und ein Geheimniß
muß da zu Grunde liegen. Wenn ich nur wüßte,
was ich thun könnte, um es aufzuhellen."

„Die Schwierigkeit verhehle ich mir selber nicht",
erwiderte der Doctor, „und ich sehe ein, daß man
nichts dagegen ausrichten kann, bis man nicht etwas
Entschiedenes weiß. Das aber wäre nur zu erfahren,

wenn es einer erreichte, in das Haus selber zu ge=
langen und dort zu verkehren. Dazu sehe ich aber
keine Möglichkeit, denn Herr van Becker hält sich vor=
sichtigerweise Jedem fern, auf den er den geringsten
Verdacht haben könnte, sein Spiel zu durchschauen.
Nur Marktleute oder gewöhnliche Arbeiter werden ein=
gelassen, sonst bleibt Jedem seine Thür verschlossen."

„Und wenn man nun einen solchen Arbeiter ge=
winnen könnte?"

„Das ist erstlich sehr schwierig", sagte der Doctor,
„denn ten Versuch habe ich schon gemacht, und dann
sehen die Leute auch nichts. Sie kümmern sich eben
um ihre Arbeit und verfahren damit einzig und allein
im alten Schlendrian. Denken Sie nur, der Eine, den
ich besonders beauftragt hatte, hob einmal dort ein
Papier auf, das aus einem Schlüsselloch herausge=
schoben wurde, steckte es auch in die Tasche und wollte
es mir, da er selber nicht lesen konnte, bringen; der
Esel verliert es aber unterwegs und meine Wuth
können Sie sich denken.

„In der That?" sagte Thiodolf, aber halb zer=
streut, denn seine Gedanken flogen indessen weit ab
und schienen auf einem andern Punkte zu weilen. „Also
glauben Sie wirklich, daß man, wenn man Zutritt in das
Haus fände, auch dort auf eine Spur kommen könnte."

„Als Gast schwerlich", sagte der Doctor, „denn dann ginge Ihnen Ihr Wirth nicht von den Fersen, aber um die Arbeiter kümmert sich natürlich Niemand im Hause, und wer von denen offene Augen hätte, könnte vielleicht Manches sehen; was aber hilft ihm das, wenn er nicht zu combiniren versteht und das können derartige Leute nun einmal nicht."

„Herr Doctor", sagte Thiodolf nach einer kleinen Weile, in der er, mit fest zusammengezogenen Brauen vor ihm gestanden hatte, „lassen Sie mir Zeit, die Sache zu überdenken. Ich gebe Ihnen mein Wort, daß ich selber Feuer und Flamme für eine solche Ent= hüllung bin, das Ganze ist von einem eigenthümlich romantischen Schimmer überhaucht, schon die Art und Weise wie ich, ein vollkommen Fremder, dazu kam, Interesse an den Bewohnern eines Hauses zu nehmen, über die ich früher keine Silbe gehört, reizt mich dazu an, sie auch weiter zu verfolgen und es ist möglich, daß ich vielleicht mehr erfahre."

„Wenn ich Sie unterstützen kann", rief der Doctor, „darin zählen Sie ganz auf mich, ich bin hier so schmäh= lich von unsern Bürgeraristokraten behandelt worden, daß ich schon deshalb Alles aufbieten würde, den Be= weis der Wahrheit zu führen. Ihr Herr Onkel hat ja auch mit der ganzen Sache nichts weiter zu thun."

„Nein", sagte Thiobolf, „davon bin ich selber fest
überzeugt, oder ich würde gar nicht daran denken, ihn
irgend welcher Unannehmlichkeiten auszusetzen."

„Aber was wollen Sie thun?"

„Lassen Sie mir Zeit", sagte Thiobolf, „um mir
selber erst darüber klar zu werden. Es gehen mir jetzt
eine Menge von Plänen durch den Kopf, die ich erst
einzeln sichten und prüfen, ja die ich erst selber begrei=
fen muß. Ist aber dort drüben ein unglückliches jun=
ges Geschöpf eingeschlossen und vom Leben abgeschnitten,
dann — doch das findet sich Alles später. Wollen
Sie mir Ihre Adresse geben?"

„Hier ist meine Karte —"

„Schön, meine Adresse wissen Sie, wenn Sie in=
dessen zufällig etwas Genaueres erfahren sollten, so
bitte, lassen Sie es mich umgehend wissen. Vorsicht
brauche ich Ihnen dabei nicht zu empfehlen."

„Gewiß nicht, gewiß nicht", rief der Doctor,
„aber warten Sie, ich begleite Sie, ich muß doch jetzt
auf die Redaction und wenn Sie eine kurze Strecke
mit mir gehen, kann ich Ihnen das Lokal gleich zeigen."

— · —

Sechstes Kapitel.

Arbeit angenommen.

Thiobolf, der von allem Anfang nur Interesse an der, wie er es nannte, „architektonischen Ungezogenheit des alten Gebäudes genommen, und deffen überhaupt rege Phantasie ihn dann weiter führte, indem er sich auch lebende Wesen in diese auseinandergeriffenen Gemächer dachte, fand jetzt noch eine stärkere Triebfeder für sein weiteres Forschen nicht allein in dem romantischen Schimmer, der sich über das Ganze breitete, sondern auch in dem Mitleiden für ein unglückliches, junges und sogar schönes Wesen, deffen Jugend hier mit anscheinend kaltem Blute gemordet wurde.

Daß sich in dem kleinstädtischen Leben von Danneburg Niemand dazu aufgerafft hatte, den düsteren Schleier, der über dem Ganzen lag, mit kecker, entschlossener Hand zu lüften, war erklärlich und Herr van Beeker auch umsichtig genug gewesen, einen solchen Platz zu seinem Aufenthaltsorte zu wählen. Anders gedachte er aber die Sache anzufangen, und jetzt schon halb im Reinen, mußte er nun noch einen Mann auf= suchen, der allein ihm förderlich sein konnte, und das war allerdings nicht sein Onkel, der pensionirte Stadt= schreiber. Dieser würde, wenn er eine Ahnung davon gehabt, sicher alles in seinen Kräften Stehende aufge= boten haben, um ihn davon abzubringen, oder sein Unternehmen selbst zu hindern; er durfte also auch gar nichts davon erfahren.

Der aber, der ihm bei seinem Unternehmen be= hülflich sein sollte, war Niemand anders, als der Maurermeister Behrens, den er auch ohne Weiteres auf= suchte und glücklicher Weise zu Hause traf.

Er fand den alten Mann bei nicht besonders guter Laune; er ging, seine lange Pfeife rauchend, in seiner Stube auf und ab, und die verschobene, kleine rothe Hausmütze zeigte, daß er sich oft genug den Kopf darunter gekratzt. Er sah auch mürrisch und verdrieß= lich aus, denn wie es nur an die Thür klopfte, ver= muthete er natürlich nichts Anderes, als nur wieder eine neue Mahnung begonnener Arbeit und was konnte

er dabei mit seinen paar Lehrlingen thun? Wahrlich
kein Haus bauen.

Wie er den jungen Freund Bomeiers erkannte,
klärte sich sein Gesicht ein wenig auf, aber auch nur
ein wenig, und er sagte, Thiodolf die Hand hinüber=
reichend, „ah, Herr Plessen, wie geht es Ihnen und
was führt Sie zu mir her?"

Die Anrede klang nicht besonders tröstlich; Thio=
dolf aber achtete gar nicht darauf. Mit einem be=
stimmten Ziel im Auge steuerte er darauf los und
mißachtete aller kleinen Hindernisse.

„Ich ging gerade vorbei, Herr Behrens", sagte er,
indem er ohne Weiteres seinen Hut ablegte, „und
wollte doch einmal sehen, wie es geht, besonders aber,
da mich das als zum Fach gehörig auch interessirt,
hören, wie es mit dem Maurerstrike steht. Er begann
ja neulich und dauert, wie ich bemerke, noch immer
an, denn schon heute Morgen früh traf ich betrunkene
Maurergesellen auf der Straße.

„Ja wohl", sagte Behrens und sein Gesicht zog
sich dabei wieder in die früheren düsteren Falten,
„und sollte mich gar nicht wundern, wenn sie sich hier
ganz ordentlich in der Stadt organisirten und Freiheit,
Gleichheit und Gütergemeinschaft auf ihre Fahnen
schmierten. Heißt denn das eine Polizei, die so etwas

dulbet und sich auf der Nase herumspielen läßt, wo sie fest einschreiten und die Bürger in ihrem Recht schützen sollte?"

„Die Polizei wird nichts dagegen machen können!"

„Ah was", sagte der nun einmal ärgerlich ge= machte Maurermeister, „wo sie so einen Kerl als ein= zelnen Handwerksburschen, wenn er Skandal macht, abfassen kann, da fährt sie ihn an, als ob sie ihn auf der Straße gefunden hätte; wo sie sich aber zusammen= rotten und eine Schaar bilden, da wird sie zahm und geht ihnen vorsichtig aus dem Wege. Gewalt oder Geld regiert jetzt überall in den Residenzen wie in den kleinen Nestern, und die kleinen Thrannen sind gewöhn= lich noch viel schlimmer als die großen."

„Geld möchte nun aber doch wohl keinen Einfluß auf die Herren haben", sagte Thiodolf, der den Maurer= meister auf einen gewissen Punkt zu bringen wünschte, „ich glaube nicht, daß sie sich durch wen bestechen ließen."

„Das möchte ich auch nicht behaupten", meinte Behrens, verdrießlich mit dem Kopfe schüttelnd, „dafür habe ich wenigstens noch keine Beweise, aber es bleibt immer die alte Geschichte, der Vornehme wird prote= girt und wo dann ein einfacher Bürger kommt und verlangt nur sein Recht, dann wird er, manchmal höflich, manchmal auch grob abgewiesen."

„Sollten die Vornehmen hier in der Stadt wirklich
von den Behörden protegirt werden?" sagte Thiodolf
leicht hin, „ich kann es mir nicht denken."

„Sie können es sich nicht denken?" rief Behrens
spöttisch, „was war denn das vor zwei Jahren für
eine Geschichte mit dem Grafen, der hier so großbrobig
auftrat, Alles zusammenkaufte, was er kriegen konnte,
Geld aller Orten borgte und Wechsel ausstellte und
dann auf einmal, wie der erste protestirt zurückkam,
in den Boden hinein verschwand? Hat der auch nur
einen Paß gehabt, oder sich die Polizei erkundigt, wo
er her sei oder was er treibe? Gott bewahre, der Herr
Graf, ein lumpiger Schneidergeselle aus Berlin, wie sich
später herausstellte, durfte doch nicht belästigt werden,
oder er hätte es können übel vermerken und nachher
einmal am Hofe davon sprechen. Als die Gläubiger
den Herren vom Magistrat auf die Stube rückten,
wußte keiner ein Wort von ihm; er hatte sich nicht
einmal angemeldet und die Leute konnten jetzt selber
zusehen, wie sie zu ihrem Gelde kamen. Und ist es
etwa anders mit diesem Herrn van Beeker?" fuhr der
in dem Thema warm gewordene Meister fort, „ob
Alles das wahr ist, was von ihm erzählt wird, weiß
ich nicht, glaube es wenigstens nicht, einen Haken hat
aber eine Sache, von der seiner Zeit so viel gesprochen

werden konnte, jedenfalls, und ist die Polizei je zu be= wegen gewesen, die näheren Nachforschungen zu halten? Nie!"

„Sie glauben nicht daran, daß jenes Haus ein Geheimniß birgt?" sagte Thiodolf.

Der Maurermeister zuckte mit den Achseln. „Etwas muß daran sein", sagte er, „denn die Familie hält sich zu abgeschlossen und der alte Herr schreibt fast gar keine Briefe und bekommt im ganzen Jahr kaum drei oder höchstens vier. Ihr Onkel, der als er hierherzog, wie ich glaube, mit der Sache zu thun hatte, versicherte allerdings, daß Herr van Beeker ein sehr achtbarer Mann sei, gesteht aber ein, daß Unglück in der Fa= milie ihn bewogen hätte, sich aus der Welt zurückzuziehen, und einige dunkle Andeutungen, die er gegen mich machte, lassen mich fast vermuthen, daß er Grund hat, abgeschlossen zu leben."

„Sind Sie einmal in seinem Hause gewesen?"

„Oefter, gleich im Anfang besonders, wo ich ihm Manches ändern mußte."

„Auch in dem alten Hintergebäude?"

„Ja, das ist ein verrückter alter Kasten und ich habe ihm auch schon mehrmals gerathen, er solle es einreißen und ein neues bauen lassen, aber er will nicht, und doch sind da alle Augenblicke Reparaturen nöthig."

„Ich gäbe etwas darum, wenn ich einen Riß von
dem Hinterbau bekommen könnte", lachte Thiobolf,
„den Außenfenstern nach muß da Alles kreuz und quer
durcheinander liegen."

„Das thut es auch", nickte der Maurermeister,
„das hat ein wahrer Künstler gebaut, und man kann
da wirklich lernen, wie man eine Sache nicht machen
muß. Uebrigens bin ich noch gar nicht in alle Zimmer
hinein gekommen, denn in einigen von ihnen hat Herr
van Beeker seine Vorräthe aufgespeichert und hält sie
verschlossen."

„Sie haben dort jetzt wieder, wie Sie neulich
sagten, eine Reparatur vor?"

„Ja, und das ist gerade ein Nagel zu meinem
Sarge, denn ich habe dem alten Herrn meinen Hand=
schlag darauf gegeben, daß ich sie bis nächsten Sonn=
abend beenden will, mit keiner Ahnung natürlich, daß
mir die Arbeitsverweigerung der Gesellen in die Quere
kommen könnte und jetzt sitz' ich da."

„Ist denn so viel da zu thun?"

„Nein, und mit ein oder zwei Gesellen und mei=
nen Lehrlingen könnte ich noch immer bequem fertig
werden. Wir Meister haben uns aber — und ich
konnte und wollte mich nicht ausschließen — fest ver=
binblich gemacht, keinen der alten Gesellen zu dem von

ihnen festgesetzten Preis in Arbeit zu nehmen, und zum ersten Mal in meinem Leben muß ich einem Arbeit= besteller mein Wort brechen. Daß mir das nicht an= genehm und erfreulich ist, können Sie sich denken."

„Und haben Sie keinen Versuch gemacht, von auswärts Gesellen herzuziehen?"

„Das allerdings, aber erstens geht das nicht so rasch und kämen für diesen besonderen Fall immer zu spät, und dann verhehle ich mir auch die Schwierig= keiten nicht, die fremde Gesellen hier finden würden, um gegen den Strike in Arbeit zu treten. Wir haben in Danneburg ein rohes, wüstes Volk unter den Ar= beitern; unser Bier ist schlecht, der Arbeiterstand des= halb meist auf den Branntwein angewiesen, und Sie wissen selber, wie das die unteren Classen demoralisirt. Diese verlangen auch bei uns hier keine Aufbesserung ihrer Lage, keine geachtete Stufe in der menschlichen Gesellschaft, sondern und allein mehr Geld und mehr Zeit, um ihre Saufgelage ausdehnen zu können, und bei solchen Menschen ist mit Vernunftsgründen nichts auszurichten."

Thiodolf war von dem Stuhl, auf dem er sich niedergelassen, aufgestanden und während der Zeit, in der der Meister sprach, ein paarmal mit verschränkten Armen im Zimmer auf= und abgegangen. Jetzt wandte

er sich gegen ihn, blieb stehen und sagte, während er
ihn lächelnd ansah: „Und was geben Sie mir, wenn
ich Ihnen für diese Arbeit, besonders um Ihren Ver=
pflichtungen im Hause des Herrn van Beeler nachzu=
kommen, einen tüchtigen Gesellen stelle, der sogar nicht
einmal Tagelohn verlangt?"

Behrens schüttelte mit dem Kopf. „Wunder ge=
schehen nicht mehr in der Welt", sagte er, „seit Elias
in einem feurigen Wagen gen Himmel fuhr oder Jonas
im Walfisch wohnte. Einen Gesellen, der jetzt keinen
Lohn forderte? Giebts gar nicht."

„Und wenn ich es selber wäre?" sagte Thiodolf
lächelnd, sah aber dabei den alten Maurermeister fest
und forschend an.

„Sie selber?" rief dieser erstaunt, „und wie kämen
Sie dazu?"

„Das will ich Ihnen sagen", erwiderte Thiodolf
ruhig. „Erstlich bin ich selber, wie Sie sich wohl
denken können, ein abgesagter Feind dieser rohen Selbst=
hülfe der Gesellen, wenn ich auch nicht verhehle, daß
ich ihnen in vielen Stücken Recht gebe und selbst das
Mittel nicht ganz verwerfen kann, wenn es wenigstens
in vernünftiger Art betrieben wurde, und nicht fast
stets durch das größte Gesindel der Erde, die Führer
oder vielmehr Verführer der Socialdemokraten hervor=

gerufen wäre. Was ich also perſönlich dabei thun
kann, um einem ſolchen Gewaltſchritt die Spitze abzu=
brechen, werde ich ſtets von Herzen gern thun. Dann
aber bekenne ich Ihnen aufrichtig, daß ich auch ein
ſpecielles Intereſſe an dem Haus dieſes etwas geheim=
nißvollen Herrn van Beeker nehme und Ihnen meine
Hülfe, aller Wahrſcheinlichkeit nach nicht angeboten
hätte, wenn Sie die Arbeit in dem Hauſe irgend eines
Bäckers oder Brauers gehabt.“

„Hm“, ſagte Behrens, immer noch halb erſtaunt
über den Antrag, der ihm aber aus einer Verlegenheit
half, „und was würde der Stadtſchreiber, Ihr Onkel,
dazu ſagen?“

„Er wird ſehr damit einverſtanden ſein, wenn
wir ihm den einen Grund angeben, dem Strike der
Geſellen entgegen zu arbeiten, denn wenn er irgend
auf der Welt etwas haßt und verabſcheut, ſo ſind es
es dieſe Gewaltmaßregeln des Volkes, die er nur allein
und ſelbſtverſtändlich von ſeinem büreaukratiſchen Stand=
punkt aus beurtheilt und als ungeſetzlich, ja vollkom=
men revolutionär verdammt.“

„Sie könnten Recht haben“, nickte Behrens ſtill
vor ſich hin, „aber die Arbeit iſt nicht in einem Tage
abgemacht. Mit den ſchwachen Kräften, über die ich
verfügen kann, brauchen wir wenigſtens drei und

Sie würden es bis dahin über und über satt kriegen."

„Und glauben Sie nicht, daß ich als Lehrling und Geselle in Arbeit gestanden? Ich weiß, zu was ich mich erbiete, und was ich unternehme, führe ich auch durch."

Der Maurermeister sah ihn eine Weile starr an. „Und Sie wollen für die Arbeit als Geselle bei mir eintreten?"

„Ich habe es gesagt und halte mein Wort."

„Topp!" rief Behrens, ihm die Hand entgegen= streckend, in die Thiodolf kräftig einschlug, „und mor= gen früh gehen wir daran?"

„Von Herzen gern; aber wäre es nicht besser, wenn Sie heute Abend einmal zu unserm verehrten Herrn Stadtschreiber herüberkämen, um ihm noch et= waige Bedenken zu nehmen? Es wäre doch möglich, daß er —"

„Gewiß", rief Behrens rasch, „ich spreche heute Abend vor, ich kenne den alten Mann genau und weiß vollkommen, wie ich ihn nehmen muß. Der Platz, an welchem wir zu arbeiten haben, ist außerdem für die jetzige unruhige Zeit außerordentlich günstig gelegen, denn die strikenden Gesellen können ihn nicht erreichen, ja uns nicht einmal bei der Arbeit sehen, und das

Material liegt außerdem schon Alles an Ort und Stelle. Wie ist es aber mit Ihrem Arbeiteranzug, den Sie wohl schwerlich bei sich führen?"

„Der ist bald geschafft; ein paar ordinäre Schuhe und ein wollenes Hemd, weiter brauche ich nichts, das Uebrige habe ich wenigstens selber. Also ich finde mich morgen früh bei Ihnen ein, wie?"

„Aber nicht zu spät."

„Mit dem Schlag sechs Uhr bin ich bei Ihnen. Sie sollen wahrhaftig nicht auf mich warten."

„Aber zu sehen werden Sie dort nichts bekommen, das kann ich Ihnen von vorn herein versichern."

„Was ich sehen will", sagte der junge Mann, „bekomme ich jedenfalls zu sehen; die innere Einrichtung jenes wunderlichen Baues, und da ich mir das nun einmal in den Kopf gesetzt habe, so ist mir der Erfolg auch mit ein paar Arbeitstagen nicht zu theuer erkauft. Ueberdies freue ich mich sogar darauf, mit Hammer und Kelle wieder einmal ordentlich wirthschaften zu können, denn das müßige Leben habe ich recht von Herzen satt!"

„Na denn man zu", lachte Behrens, „dann wollen wir einmal sehen, was Sie können."

„Nur noch Eins", sagte Thiodolf, indem er seinen Hut wieder aufgriff, „wenn Sie zu meinem Onkel

kommen, so nennen Sie den Platz nicht, an dem wir
arbeiten wollen; überhaupt den Namen des Herrn van
Beeker gar nicht, er könnte Verdacht schöpfen, denn er
wurde neulich schon fast wie mißtrauisch, als ich nur
einige gleichgültige Fragen an ihn richtete."

„Nun", meinte Behrens, „ein Geheimniß brauchen
wir aus der Geschichte nicht zu machen, denn zu schä=
men hat sich Keiner darüber, wenn Sies aber wün=
schen, habe ich auch nichts dagegen. Nur, daß Sie
bei mir arbeiten wollen, muß er indeß erfahren."

„Gewiß, das schadet nichts; er soll überhaupt
später auch wissen, wo es war, nur jetzt vor der Hand
noch nicht, und nun, mein lieber Herr Behrens, auf
Wiedersehen bis heute Abend", und dem Mann derb
die Hand drückend, verließ er das Haus.

Siebentes Kapitel.

An Ort und Stelle.

Thiodolf befand sich allerdings schon mehrere Tage in Dannebürg, hatte aber doch in der Zeit mit sehr wenig Menschen einen engern Verkehr gehabt und war deßhalb auch nur von Wenigen genau gekannt. Aber was kümmerte es ihn auch, wenn ihm ein Bekannter begegnet wäre? Er stand frei und unabhängig in der Welt und brauchte Niemandem Rechenschaft über seine Handlungen abzulegen, und trotzdem war es ihm ein ganz eigenes Gefühl, als er an dem Morgen, ein paar alte Hosen an, mit groben Schuhen, einem wollenen Hemd und einem für wenige Groschen gekauften ordinären Strohhut auf, zu Meister Behrens hinüberschritt.

Er hatte seine Lehrzeit als Maurer wacker durch-

gemacht, später noch sogar eine kurze Zeit als Geselle
gearbeitet, war aber dann in die gewohnten Kreise
zurückgetreten und, wenn er es sich auch nicht selber
gestehen mochte, klebte ihm doch noch ein Theil der
alten europäischen Vorurtheile an, nach denen sich
grobe Arbeit nicht mit dem Leben eines Gentleman
verträgt.

„Arbeit schändet nicht!" Das ist der Wahlspruch,
der die Vereinigten Staaten von Nordamerika so groß
gemacht, und gewissermaßen haben wir uns auch, mit
Gleichstellung der verschiedenen Classen, schon in einer
Hinsicht in Deutschland diesem Grundsatz genähert: mit
der allgemeinen Wehrpflicht, wo alle Stände fest und
einig bei einander stehen. Sonst aber sind wir noch
himmelweit von dem so richtigen Gefühl entfernt und
es giebt zum Beispiel Tausende von Menschen, die
sich schon etwas zu vergeben und ihre Würde zu schä=
digen glauben, wenn sie nur ein Packet über die
Straße tragen sollten.

Thiodolf gehörte nun allerdings nicht zu diesen
Letzteren; ein klein wenig unbehaglich fühlte er sich
aber trotzdem in seiner neuen Tracht und war froh,
als er endlich Meister Behrens Haus erreichte. Dort
stand ihm aber noch eine Ueberraschung bevor. So
wie er nur die Hausthür öffnete und den untern Vor=

115

saal betrat, kam aus der nächsten Thür Else Behrens, das wunderhübsche Töchterchen des Meisters und betrachtete sich den jungen Mann, der doch nicht recht wie ein gewöhnlicher Gesell aussah, etwas erstaunt.

Thiodolf war blutroth geworden, denn er stand ihr, seiner Meinung nach, in diesem Augenblick gerade nicht vortheilhaft gegenüber, aber es konnte eben nichts mehr helfen.

„Herr Behrens zu Hause, mein Fräulein?"

„Mein Vater? Allerdings; bitte, warten Sie einen Augenblick, ich werde ihn gleich herausrufen", und sie ließ Thiodolf, der mit einem halben Lächeln seine Unterlippe zwischen die Zähne nahm, auf dem Vorplatz stehen. Behrens ließ aber nicht lange auf sich warten; seine Tochter brauchte außerdem nicht zu wissen, wer mit ihm auf die Arbeit ging. Die Lehrlinge waren mit dem nöthigen Werkzeug schon voraus und kaum zehn Minuten später erreichten sie das Haus des Herrn van Beeker, wo sie, auf ein bestimmtes Zeichen, das Behrens gab, rasch Eintritt fanden.

Thiodolf war es ein merkwürdiges Gefühl, als er das ziemlich elegant eingerichtete Haus betrat und die Thür wieder hinter sich ins Schloß fallen hörte; das Bewußtsein, daß er sich hier doch nur eigentlich eingeschlichen hatte, um ein Familiengeheimniß zu er-

8*

forschen, lag drückend auf ihm, und wenn er sich auch keiner unredlichen Absicht bewußt war, konnte er sich doch nicht verhehlen, daß er nicht auf geraden Wegen wandle, und das eben entsprach seinem sonst so offenen und ehrlichen Charakter nicht. Aber er konnte jetzt auch nicht mehr zurück, denn durch was hätte er sich bei Meister Behrens entschuldigen wollen? Nur heimlich nahm er sich vor, sich um nichts zu kümmern, was er auch im Hause sah, Das ausgenommen, was ihm von vornherein das eigentliche Interesse eingeflößt: die Bauart des alten Hintergebäudes.

Herr van Beeker stieg, als er den Meister kommen hörte, da ihm die Lehrlinge schon gemeldet, daß er hnen auf dem Fuße folge, die Treppe herunter und begrüßte Behrens mit ein paar freundlichen Worten. Thiodolf fürchtete dabei, daß er ihn erkennen würde, denn sie hatten ja neulich im Goldenen Löwen an einem Tisch dinirt, Beeker ihn aber dort wohl kaum beachtet; wenigstens glitt sein Blick jetzt gleichgiltig über ihn hin. Es war ein Gehülfe, mit dem er ja nicht zu verkehren brauchte, und sich nur mit dem Meister besprechend, schritt er mit diesem aus der Hinterthür heraus, quer über den kleinen engen Hof, um an Ort und Stelle noch einmal die Angabe zu machen und jedes Mißverständniß zu vermeiden.

Der Hof — und Thiodolfs Blick schweifte rasch
darin umher — mochte kaum zwanzig Schritt im
Quadrat halten, und war von allen Seiten durch zu
dem Hause selber gehörigem Anbau so umschlossen,
daß kein Nachbar einen Blick hinein werfen konnte. Das
Hintergebäude blieb solcher Art nur in der Mitte durch
den Hof von dem Vorderhaus getrennt, sonst aber an
beiden Seiten durch einen Gang oder durch Stuben
mit ihm verbunden; es ließ sich das von hier aus
nicht genau erkennen. Er behielt auch keine lange
Zeit sich umzusehen, denn sie traten schon durch eine
Thür in das Hinterhaus ein, das hier aber sehr ver-
nachlässigt schien und wohl nur zu Hauszwecken benutzt wurde.

Rechts, sobald sie eintraten, befand sich ein großes
geräumiges Waschhaus, links schien eine Kohlen-
kammer zu liegen, und diese Räumlichkeit überhaupt
nur von der Dienerschaft betreten zu werden. Ein
schmaler Gang führte hier hindurch, aber nur auf
eine geschlossene Thür zu, die wahrscheinlich nie geöffnet wurde, denn es lag ein Balken schräg davor,
der in eisernen Klammern ruhte und mit Staub dicht
bedeckt war. Rechts führte eine schmale, ja sogar ziemlich enge Treppe hinan, auf der kaum zwei Personen
neben einander Platz fanden, während sie nur ein

dürftiges, kaum genügendes Licht von oben erhielt. Erst als sie den ersten Stock erreichten, wurde der Gang durch ein schmales, aber hohes Fenster beleuchtet, vor dem eine alte staubige Gardine hing, während rechts und links wieder zwei ungleiche Treppen oder Stiegen, die eine mit sechs Stufen, die andere mit zehn oder elf, nach verschiedenen Seiten in die Höhe führten.

Das war die Räumlichkeit, nach der er sich ge= sehnt; jenes Fenster lag jedenfalls nach dem Restau= rationsgarten der „Krone", hinaus, aber so hoch über den Dielen, daß es nur mit einer kleinen Leiter zu erreichen gewesen wäre, und wie verwickelt schien über= haupt der ganze Bau. Im Dunklen wäre es voll= ständig unmöglich gewesen, sich zurecht zu finden, selbst wenn man die Localitäten genau kannte.

Auch Meister Behrens schüttelte, als er da oben ankam, den Kopf und sagte, mehr zu sich selber, als zu Herrn van Beeker redend:

„Das ist das verrückteste Gebäude, das ich in meinem ganzen Leben gesehen habe, und sieht genau so aus, als ob sämmtliche Etagen durch ein plötzliches Erdbeben zusammengeschüttelt wären."

„Das Grundstück", sagte Herr van Beeker, „hat früher drei Eigenthümer gehabt, und war von ihnen

verschieden aufgebaut worden. Der letzte vor mir
kaufte die drei zusammen und ließ eine gemeinschaft=
liche Fronte aufführen, die drei Hintergebäude aber, so
gut es eben gehen wollte, verbinden, und daher mag
diese Verwirrung entstanden sein, die ich jetzt wenigstens
in einem kleinen Maßstab wieder haben sollte, denn
um das Ganze zu ordnen, müßte man auch alles
niederreißen lassen, was mir aber nicht paßt."

Er war, während er sprach, vorangegangen, so
daß Thiodolf die Worte nur undeutlich verstehen
konnte; und erreichte jetzt, wieder eine jener Stufen
hinabsteigend, eine andere Gruppe von Zimmern, wo
schon eine Zwischenmauer eingerissen war, und die
Lehrlinge sie erwarteten.

Hier hatte man, wie Thiodolf rasch übersah,
durch den Ueberbau einer andern kleinen Treppe, die
Gott weiß wohin, aber wieder nach unten führte, eine
Art von Boden für eine größere Stube gewonnen,
oben rechts war eine andere kleine Kammer, die fast
in der Luft gehangen haben mußte, so weit abge=
rissen worden, als die einspringende Ecke hier gebraucht
wurde. Das sollte jetzt durch eine feste Mauer ge=
stützt und ausgefüllt werden, wodurch wieder ein
kleiner offener Raum, als unmöglich ihn zu benutzen,
versetzt werden mußte; aber was schadete das auch,

Raum gab es hier im Ueberfluß, und es schien dem
jungen Architekten auffallend, daß nicht einmal der
zehnte Theil davon benutzt wurde. Weshalb also
die Arbeit jetzt mit diesem Gemach', das dabei ebenso
wenig, so weit er bis jetzt wenigstens bemerken konnte,
mit dem übrigen Haus in irgend welcher Verbindung
stand.

Er war aber nicht hergerufen worden, um bei
einer beabsichtigten Bauänderung seinen Rath zu geben,
sondern einfach, das schon Berathene und Angeordnete
auszuführen. Behrens schien auch genau Bescheid zu
wissen, und selbst was Herr van Beeker hier noch be=
stimmte, mußte schon vorher besprochen sein. Er nickte
dabei nur mit dem Kopfe und befahl dann seinen
Lehrlingen, den Lehm unten wieder anzufeuchten und
heraufzubringen. Van Beeker zog sich auch bald dar=
auf, dem Meister die Ausführung des Ganzen allein
überlassend, zurück und Thiodolf ging, seinem Vorsatz
getreu, scharf an die Arbeit, ohne sich um weiter
etwas zu kümmern. Er verstand sein Geschäft aus
dem Grunde und die Arbeit förderte, daß Behrens
seine Freude daran hatte.

So verging der erste Tag in ruhiger Thätigkeit
und als Thiodolf Abends zu seinem Onkel kam und
erzählen sollte, wie es ihm ergangen, wurde er ordent=

lich ein wenig roth, denn er mochte doch nicht bekennen, und sein Onkel durfte ja auch nichts davon wiſſen, daß er ſich in ein wenig ſehr vorſchneller Weiſe und höchſt unnöthig eine Arbeit aufgeladen, die ihn ſelber nur Geld und Zeit koſtete, ohne daß er einen weitern Vortheil als den dabei hatte, ſich wieder einmal in ſeinem alten Geſchäft zu üben. Er ſah allerdings da= bei einen Theil der innern Einrichtung des alten Hintergebäudes, fand aber, wie das im Leben ſo häufig geſchieht, daß Alles Das, was er ſich von Außen ſehr poetiſch= phantaſtiſch gedacht, in Wirklichkeit nichts weiter war, als ein altes ſehr proſaiſches Gemäuer, das wohl der Mühe gelohnt hätte, es einmal zu be= trachten, aber wahrlich nicht drei Tage ſchwer dafür zu arbeiten.

Wie die Sache indeß ſtand, mußte die einmal begonnene Arbeit nun auch durchgeführt werden, denn er durfte unter keiner Bedingung dem alten Maurer= meiſter ſein gegebenes Wort brechen.

Am anderen Morgen fand er ſich denn auch wieder pünktlich ein und wieder empfing ihn, wie ge= ſtern, Elſe, des alten Behrens liebliches Töchterlein, aber heute viel freundlicher als geſtern, denn der Vater mußte ihr jedenfalls erzählt haben, wer der junge Mann eigentlich ſei. Anſtatt ihn alſo wie geſtern auf

dem Vorsaal stehen zu lassen, lud sie ihn artig ein,
doch so lange in das Zimmer zu treten, bis der Vater,
der noch eine Abrechnung gehabt hatte und dadurch
aufgehalten war, fertig sei.

Elfe war wirklich ein liebliches Kind, von etwa
achtzehn oder neunzehn Jahren, und ein leises Erröthen, wie sie mit sich kämpfte, ob sie sich wegen
gestern bei dem fremden jungen Mann entschuldigen müsse
oder nicht, machte sie noch viel hübscher. Sie brachte
es aber doch nicht über ihre Lippen, sie wußte nicht, wie
sie es anfangen sollte, und als sie Thiodolf bat, Platz zu
nehmen, und dieser jetzt lachend sagte, daß das in
seinen Arbeitskleidern doch nicht gut anging, wurde
sie nur noch verlegener.

Thiodolf warf indessen den Blick im Zimmer umher und mußte sich gestehen, lange keine so behäbige,
gemüthliche Stube gesehen zu haben, wie die Wohnstube des Meister Behrens, in der sogar ein gewisser
Luxus nicht fehlte, aber nur da auftrat, wo er zugleich
zur Bequemlichkeit der Bewohner diente.

An den Wänden hingen, allerdings eingerahmt,
verschiedene Risse von Gebäuden, aber auch einige recht
gute Oelgemälde und Stahlstiche, wie auch einzelne
Photographien der Familie. Und wie sauber Alles
dabei, und zwar zu noch so früher Stunde, aussah,

wie nett und adrett und das junge Mädchen selber
dabei in ihrem einfachen saubern Hauskleid und mit
der schneeweißen Schürze war, man hätte es kokett
nennen können, wäre nicht Alles an ihr gerade so
natürlich gewesen.

Junge Damen sind aber trotzdem nur in seltenen
Fällen von dem irrigen Gedanken abzubringen, daß sie
in voller Toilette, mit allem oft so albernen Firlefanz
der neuesten Mode überhangen, hübscher aussehen, als
im einfachen Hauskleid. Ein vernünftiger Mann wird
sich durch die erstere nie täuschen lassen, da er außerdem nicht einmal weiß, was an derselben falsch oder
echt ist. Anders stellt sich das aber im Hauskleid,
und je einfacher sich deshalb unsere Mode gestaltet,
desto hübscher werden unsere Frauen und Mädchen
werden.

Meister Behrens ließ indeß dem jungen Manne
keine lange Zeit zu solchen Betrachungen, und wenige
Minuten später schon schritt er mit seinem jungen
Freund dem Arbeitsplatz von gestern wieder zu, wo sie
denn auch ohne Weiteres von Neuem begannen.

Die Arbeit selber erforderte insofern viel Genauig-
keit, da zwei kleine Gemächer, von denen das eine
wohl ein halbes Jahrhundert unbewohnt gewesen, zu
einem größern verbunden werden sollten, und die bis-

herige Zwischenmauer, um das Haus nicht zu gefährden,
durch einen weiten Bogen ersetzt werden mußte. Des=
halb war auch die ganze Arbeit so drängend gewesen.
Die Ermittelung der Hauptstelle zeigte sich dabei eben=
falls nicht leicht, da man der verrückten Bauart wegen
nicht einmal von einer Etage auf die andere schließen
konnte. Die früheren Baumeister hatten Alles kreuz
und quer gestellt.

Das eine kleine Zimmer, das jetzt die vordere
Hälfte des größern bilden sollte, war bewohnt gewesen,
und allem Anschein nach noch ganz kürzlich; die Tapete
hatte man allerdings schon vorher abgerissen, aber
einzelne kleine, noch umherliegende Fetzen zeigten, daß
sie sehr elegant und auch verhältnißmäßig neu gewesen,
und eine mit grober Leinwand benagelte Fläche konnte
recht gut eine dahinter liegende Thür verbergen.

Thiodolf bemerkte das wohl, achtete aber nicht
besonders darauf, und machte sich nur mit seiner
Arbeit, die ihn vollständig beschäftigte, zu thun, griff
sie auch heute viel fröhlicher an als gestern, wo ihm
das Ganze doch noch etwas ungewohnt gewesen, und
als Meister Behrens gegen Mittag nach Hause ging,
denn er selber hatte sich sein Mittagsessen mitgenommen,
um nicht so oft über die Straße zu müssen, und die
beiden Jungen bekamen es geschickt, trillerte er ganz

fröhlich ein kleines Lied nach dem andern vor sich hin. Unwillkürlich kam ihm dabei der Gedanke an die eigenthümliche Situation, in der er sich hier befand. In einem unbekannten Hause, von dem das wunderliche Gerücht ging, daß ein schönes Mädchen darin gefangen gehalten würde, stand er hier als Maurer, und wenn er auch nicht dazu verwandt wurde, sie vom Leben abzuschließen und lebendig zu begraben, ja sogar eine Stube, vielleicht für sie, erweiterte, fiel ihm unwillkürlich ein überhaupt zu dem Hämmern passendes Lied ein: „Nicht verzaget, nicht verzaget, treue Freunde sind Dir nah!" sang er aus „Maurer und Schlosser" mit lachender Stimme vor sich hin, und sonderbarer Weise dachte er sich dabei Else, des Maurermeister Behrens reizendes Töchterlein hinter der Mauer als die Gefangene, die zu befreien er gekommen wäre.

Die beiden Lehrjungen waren eben nach unten gegangen, um frischen Lehm heraufzuholen, und Thiodolf ganz allein in dem öden Raum emsig mit seiner Arbeit beschäftigt, als er plötzlich erstaunt den Kopf wandte, denn es war ihm genau so, als ob Jemand, wenn auch mit unterdrückter Stimme, seinen eigenen Namen gerufen hätte — „Thiodolf."

Er horchte einen Moment, aber Alles war todtenstill; von den Lehrjungen konnte es Keiner gewesen sein, und der Meister, den er gebeten hatte, ihn vor den Jungen so zu nennen und nicht mit Herr Plessen anzureden, war ja nach Hause zum Essen gegangen. Er mußte sich jedenfalls getäuscht haben, schüttelte nur langsam den Kopf und begann seine Arbeit und sein Lied aufs Neue.

„Thiodolf", flüsterte da die Stimme wieder, aber deutlicher als vorher, und jetzt warf er seinen Hammer fort und sprang überrascht, ja fast erschreckt empor, denn diesmal wußte er bestimmt, daß es keine Täu=schung sein konnte; aber woher drang die Stimme und wie kannte sie seinen Namen?

Er sah sich erstaunt in dem ganzen, nicht über=mäßig großen Raum um; der Klang war von der dem Ausgang entgegengesetzten Seite gekommen, aber dort auch nicht das Geringste zu erkennen, und bis jetzt hatte er auch noch keinen Ausgang dahinzu ent=deckt.

„Bst", flüsterte es jetzt wieder, und er fühlte ordentlich, wie in dem Moment sein Herzschlag stockte. Dorthin aber, wohin sich jetzt, dem letzten Klang folgend, sein Auge wandte, befand sich jener, mit grober Leinwand vernagelte Platz, und wie er einen Augenblick gehorcht, ob die Jungen nicht etwa jetzt zurückkämen, glitt er auf den Fußspitzen jener Stelle zu.

„Ist Jemand hier?"

„Sind Sie allein?" frug eine zarte weibliche Stimme zurück.

„Ja, aber wer sind Sie? was kann ich thun?"

„Retten Sie mich."

Draußen polterte es wieder die Stiegen herauf; die Jungen kamen mit dem Lehm und mit einem warnenden Zuruf, sich bis nachher still zu verhalten, schritt Thiodolf zu seiner Arbeit zurück.

Aber der Kopf wirbelte ihm von all' den Gedanken, die darin umherzuckten; er stand an der Schwelle eines düstern Geheimnisses, vielleicht eines Verbrechens, und was konnte er jetzt thun, um jene Unglückliche zu retten, während er sie vielleicht durch unvorsichtiges oder über= eiltes Handeln einer noch größern Gefahr aussetzte, ja möglicher Weise selbst ihr Leben bedrohte?

Vor allen Dingen mußten die Jungen wieder entfernt werden, um hier oben für eine Weile freien Raum zu behalten, und das war leicht geschehen, denn es fand sich bald ein Auftrag, der sie wieder in den Hof sandte und dort eine zeitlang beschäftigte. Kaum hatten sie aber den obern Theil der Wohnung aufs Neue verlassen, als Thiodolf auch wieder zu der alten Leinwand zurückkehrte und dort mit leise pochendem Finger das Zeichen gab. Die Antwort ließ auch nicht lange auf sich warten.

„Sind sie fort?"

„Ja, aber was verlangen Sie von mir?"

„Retten Sie mich aus diesem Haus, wenn Sie ein Herz in der Brust haben."

„Aber wie ist das möglich?"

„Ich weiß es nicht", seufzte die Stimme zurück, „ich kann nicht mehr denken, ich bin verloren, wenn mir Niemand hilft."

Thiodolf war eine viel zu praktische Natur, um sich unnützer Weise bei langen Erklärungen aufzuhalten.

„Ist hier ein Eingang?"

„Ja, eine Thür, aber jetzt verschlossen; früher hatte ich das andere Zimmer noch zu meinem Gebrauch."

„Es wird jetzt vergrößert."

„So wurde mir gesagt, nur ein größerer Kerker."

„Haben Sie Fenster nach außen?"

„Ja, aber von innen vergittert."

„Ist diese Thür zu öffnen?"

„Sie hat keinen Riegel von innen, nur ein Schloß."

„Es kommt Jemand", flüsterte Thiodolf zurück, „haben Sie guten Muth! Morgen früh sage ich Ihnen Antwort."

Die Jungen kamen wieder herauf und ihnen
folgte auch bald Meister Behrens selber, dem wohl
daran lag, diese Arbeit hier so rasch als möglich zu
fördern. Thiodolf befand sich aber in peinlichster Ver=
legenheit, denn er wußte nicht, ob er Behrens von
dem Erlebten Mittheilung machen solle oder nicht,
aber ein gesprochenes Wort ist nicht mehr zurückzu=
nehmen, und er beschloß deshalb, vor der Hand noch
zu warten und jetzt erst einmal, so weit ihm das
möglich war, das Terrain hier herum zu untersuchen.

Da die Jungen heute Morgen eine Leiter mitge=
bracht, so war es ihm möglich geworden, einen Blick
aus dem Fenster zu werfen, wo er sich dann bald
überzeugte, daß diese Front genau nach der „Krone"
auslief. Er war auch noch gestern Abend dort ge=
wesen, und hatte das lange Fenster, also den genauen
Punkt, wo er jetzt arbeitete, gefunden, aber doch noch
nicht heraus bekommen können, wo die Thür mündete.
Aber er wußte sich auf der Spur und das Uebrige
mußte sich schon herausstellen.

Heute wurde ihm indeß keine Gelegenheit mehr
geboten, mit der Gefangenen ein Wort zu wechseln.
Meister Behrens verließ ihn nicht wieder und in der
That förderte die Arbeit auch nicht so rasch, als
Behrens im Anfang geglaubt hatte. Thiodolf war

aber gar nicht so unzufrieden damit; das Geheimniß=
volle der ganzen Situation fesselte ihn; er fühlte, daß
er die Arbeit nicht umsonst unternommen hatte und
dafür belohnt werden sollte, und er beschloß nun, heute
Abend jedenfalls den Doctor aufzusuchen, um diesem
vor allen Dingen seine Entdeckung mitzutheilen und
mit ihm das Nähere zu besprechen. Er wußte, daß er
an Gieselbrecht eine treue Hülfe fand und daß dieser
Feuer und Flamme dafür sein würde, verstand sich
von selbst.

Als sie ihre Arbeit beendet und das Haus verließen,
begleitete sie Herr van Beeker, wie er das auch gestern
gethan, wieder bis an die Thür, was sicher nicht aus
Höflichkeit geschah. Er wollte jedenfalls aufpassen,
wie sich Thiodolf jetzt wenigstens dachte, daß Niemand
zurückblieb, und hinter ihnen wurden dann die schweren
Riegel vorgeschoben.

In Doctor Gieselbrecht hatte sich Thiodolf übrigens
nicht geirrt. Der Mann war ganz außer sich, als er
von der gemachten Entdeckung hörte, die seine Ver=
muthung bestätigte und den Stadtrath völlig bloßstellte
und konnte nur mit Mühe davon zurückgehalten werden,
schon in seiner nächsten Nummer einen vorläufigen
Triumphschrei auszustoßen. Dadurch hätte aber Alles
verdorben werden können und selbst die leiseste An=

deutung mußte vermieden werden, bis sie nicht feste und sichere Beweise in Händen hatten, aber die hofften sie jetzt zu erlangen.

Gewisses konnte Thiodolf dem Redacteur des Danneburger Journals allerdings nicht bieten, denn er hatte sich mit den örtlichen Verhältnissen noch nicht vollkommen genau bekannt gemacht, und das mußte jedenfalls vorher geschehen. Aber ihr Verdacht war in jeder Hinsicht bestätigt worden und das Andere dann doch nur Kleinigkeit. Gieselbrecht erklärte sich dabei augenblicklich bereit, die junge Unglückliche, wenn es ihnen gelang, sie zu befreien, zu einer kleinen benach= barten Stadt zu begleiten, wo er einen intimen Freund hatte, der Förster war und die nun Befreite mit Freuden in seinen Schutz nehmen würde. Nachher aber sollte es seine Sorge sein, hier die Sache zur Sprache zu bringen und zu vertreten. Durch den vortrefflichen Absatz seines Blattes war er überhaupt schon so ziemlich unabhängig gestellt und die Rücksicht, die er in früheren Jahren zu nehmen gehabt, dadurch weggefallen. Jetzt fühlte er sich ein freier Mann, und daß sein Blatt durch diese Sensationsgeschichte noch einen vollen und neuen Aufschwung nahm, verstand sich von selbst, ohne das Romantische der ganzen Sache.

Achtes Kapitel.

——

Vorbereitungen.

Doctor Giefelbrecht war aber nicht allein eine poe=
tifche, er war auch eine praktifche Natur und fchlug
Thiodolf jetzt vor, fofort noch einmal den Garten der
„Krone" zu befuchen, um fich über das Terrain zu ver=
ftändigen, damit er felber ein wenig Befcheid wiffe. Da
nun Thiodolf ebenfalls daran lag, befonders jene Thür,
die er von innen bemerkt, auch von außen zu unter=
fuchen, fagte er gern zu, konnte aber nicht gleich mit=
gehen, fondern mußte erft noch nach Haufe zu feinem
Onkel, um feine Arbeitskleider abzulegen und zu Abend
zu effen; verfprach aber punkt halb zehn Uhr, wo der
alte Stadtfchreiber ftets zu Bette ging, mit dem Doctor
in der „Krone" zufammenzutreffen und da dann der

Mond schon auf war, konnten sie nachher leicht eine Recognoscirungstour unternehmen.

Etwas nach halb zehn traf Thiodolf an dem bezeichneten Orte ein und die beiden Herren gingen jetzt in den nur noch spärlich besetzten Garten; die Abende wurden doch schon recht kühl und die meisten der Gäste zogen es vor, sie in dem warmen, wenn auch von fast unerträglichem Tabaksqualm angefüllten Restaurations- zimmer zu verbringen.

Im Garten ließen sie sich an einem der abseits gelegenen Tische nieder, von wo aus sie aber das alte Hintergebäude, auf das der Mond sein volles Licht warf, unmittelbar vor sich hatten und es genau übersehen konnten.

Hier fand Thiodolf ohne weitere Schwierigkeit das eine hohe und schmale Fenster, es war kein an- deres derartiges am ganzen Haus, und darunter ließ sich dann auch, allerdings durch einen Hollunderbaum halb verdeckt, die hölzerne Thür entdecken, die, wie es schien, von hier aus den einzigen Eingang ermöglichte, jetzt aber ja von innen verrammelt war. Rechts von dem hohen Fenster und so viel tiefer, als genau von dort, wo Thiodolf die Stimme gehört, lagen zwei ziem- lich gleiche Fenster neben einander, und das äußerste von diesen war, wie er sich recht gut erinnerte, das

nämliche, an dem er früher die Bewegung der Gardine
bemerkt; es blieb also gar keinem Zweifel unterworfen,
daß dort auch das unglückliche Opfer gefangen gehalten
wurde. In einer dunkeln Nacht hätte man nun recht
gut eine Leiter an diese gar nicht etwa sehr hohen
Fenster bringen können, aber die Fenster sollten ja, wie
die Unglückliche gesagt, von innen vergittert sein. Da
blieb ihnen denn keine weitere Hoffnung als die untere
Thür, und diese mußten sie jetzt vor allen Dingen
untersuchen.

Das hatte auch nur geringe Schwierigkeit, denn eine
schmale Gatterthür führte auf den Hof hinaus. Durch
diese verließen sie langsam und mitsammen plaudernd
den Garten und schritten ein paar Mal dort, wie den
schönen Abend genießend, auf und ab, bis sie sich un=
bemerkt glaubten, und es hatte wohl überhaupt kaum
irgend wer auf sie geachtet, und nun unter den Schutz
des Hollunderbaumes glitten, wo sie vollkommen gedeckt
standen und ihre Untersuchung in aller Ruhe beenden
konnten.

Die Thür ging nach innen auf; das alte Schloß
schien aber verwittert genug und sogar von hier aus
ließ sich mit dem Finger fühlen, daß es nur eines
schmalen Meisels bedürfe, um es selbst von außen zu
öffnen. Allerdings würde ihnen dann noch der innen

quer vorliegende Balken den Eintritt verwehrt haben, denn viel Spectakel durften sie überhaupt nicht machen; aber den glaubte Thiodolf entfernen zu können, und gelang das, dann stand ihrem Eintritt in das Haus wenig oder gar nichts mehr im Wege. Hier unten kam Abends wohl keiner der Dienerschaft mehr her, und daß jene Stube, welche die Unglückliche bewohnte, einen Zugang von der vordern ersten Etage hatte, verstand sich von selbst.

Heute Abend war natürlich gar nichts mehr an der Sache zu thun. Vor allen Dingen mußte Thio= dolf noch einmal Gelegenheit suchen, um die Gefangene zu sprechen und Näheres von ihr selber zu hören; viel= leicht nannte sie einen Platz, wohin sie geführt zu wer= den wünsche oder war im Stande, einen Freund zu nennen, den man herbeirufen könne; ja Thio= dolf warf sogar, als sie das Haus wieder verließen und in die belebte Straße einbogen, die Frage auf, ob man sich überhaupt mit der ganzen Sache weiter befassen sollte, oder einfach die Anzeige auf der Polizei zu machen und dann bestimmt auf eine Haussuchung zu bringen. Davon wollte aber Doctor Gieselbrecht durchaus nichts wissen.

„Mein bester Herr", sagte er leidenschaftlich, aber trotzdem mit unterdrückter Stimme, „ich weiß aus zuverlässiger Quelle, daß der alte Herr van Becker viele und fast geheime Unterredungen mit dem Polizeidirec= tor gehabt hat. Nun sind nur zwei Fälle möglich: der Polizeidirector weiß von der ganzen Sache und will es nicht wissen und dann dürfen Sie sich darauf ver= lassen, daß gerade der Betreffende der Erste wäre, der einen Wink bekäme, und wir bei zehnmaligem Unter= suchen nicht das Geringste fänden, oder er weiß wirk= lich nichts davon, dann läge es aber in seinem höchsten Interesse, daß die Sache nicht an die Oeffentlichkeit käme, denn es wäre ihm dabei bewiesen, daß er nicht allein sein Amt schlecht verwaltet, ja sogar die öffent= liche Stimme, die das Verbrechen bloslegen wollte, vorsätzlich unterdrückt hätte und seine Stellung wäre selbstverständlich unhaltbar."

„Und Sie glauben, daß sie bei Ihrem Freunde gut aufgehoben wäre?"

„Wie im Vaterhaus, dafür stehe ich ein und an ein Durchstecken meines Försters oder seiner kleinen Frau mit dem hiesigen Polizeidirector ist kein Gedanke."

„Den Förster müßten Sie aber doch vorher in Kenntniß setzen."

„Dem werde ich allerdings gleich morgen früh schreiben, und ihn wenigstens vorbereiten; dann aber ist es desto bringender geboten, kein Wort von der ganzen Sache gegen irgend einen Andern zu äußern, bis wir nicht unseres Erfolgs vollkommen sicher sind, oder, wir blamiren uns am Ende, und das wäre das Schlimmste, was uns passiren könnte."

Thiodolf war eine ganze Weile schweigend und nachdenkend neben dem Doctor hingeschritten, jetzt sagte er endlich:

„Lieber Doctor, daß mich Das gerade bis jetzt ausschließlich beschäftigt hat, wissen Sie so gut wie ich, und ebenso, daß ich nur der Unglücklichen wegen diese Arbeit unternommen. Es wäre aber dann morgen Abend der letzte Termin, denn wenn nicht schon morgen Abend, beenden wir doch spätestens bis über morgen früh unsere Arbeit, und von da an bleibt uns natürlich das Haus wieder verschlossen."

„Aber Sie verlassen es schon immer mit der Dämmerung und dann ist es noch zu früh."

„Ich will sehen, ob ich Gelegenheit bekomme, von innen den Querbalken an jener Thür zu entfernen. Geschieht das unbemerkt, so können wir das Hintergebäude nachher zu jeder Stunde der Nacht betreten."

– „Und glauben Sie nicht, daß Herr van Beeker seinen Kerker jeden Abend revidirt?"

Aller Wahrscheinlichkeit nach thut er das, aber doch gewiß nicht mehr nach zehn Uhr, und dort hinunter

kommt er überhaupt wohl nur in Ausnahmefällen. Un=
mittelbar nach zehn Uhr gehen wir aber an die Arbeit;
willigt die junge Dame, die ich morgen noch werde zu
sprechen suchen, in die Flucht, um die sie mich heute
eigentlich schon angefleht, und woran ich keinen Augenblick
zweifle, dann gehe ich hinauf, um sie abzuholen, denn
mit dem Terrain bin ich genau bekannt, bringe sie hier
an die Thür, Sie müssen Ihren Wagen bereit haben
und unser Plan ist geglückt."

„Wenn wir aber vor der Hand entdeckt werden,"
sagte der Doctor.

„Das wäre allerdings ein verwünschter Streich,"
nickte Thiodolf langsam vor sich hin, „und nichts weniger
als ein Einbruch in ein fremdes Haus, aber doch im=
mer nicht so gefährlich, wie es vielleicht aussieht.
Herr van Becker mit den aufgedeckten Thatsachen, würde
sich wohl hüten, großen Lärm zu schlagen und der
Magistrat selber, nach dem, was Sie mir darüber
erzählt haben, hätte keine besondere Veranlassung, die
Sache besonders zu verfolgen. Ich glaube, wir dürfen
uns deshalb beruhigen; keinenfalls soll mich das
zurückhalten, den Versuch zu wagen. Sind Sie also
bereit dazu?"

„Mit Herz und Hand!" rief der Doctor begeistert
aus, „denn wenn irgend Jemand außer dem unglück=

lichen Opfer dabei interessirt ist, die Sache gut und
glücklich durchzuführen, so bin ich es.“

Am andern Morgen und es hatte noch nicht sechs
Uhr geschlagen, klingelte Thiobolf wieder an Meister
Behrens Thür, um ihn abzuholen, und so rasch wurde
ihm diesmal geöffnet, als ob Jemand schon auf ihn ge=
wartet hätte. Es war Else, und wieder stand sie ihm
erröthend gegenüber, so daß selbst der junge Mann,
der sich in seinen Arbeitskleidern doch nicht recht behag=
lich fühlte, in Verlegenheit gerieth.

„Ist Ihr Herr Papa schon auf, Fräulein Else“,
sagte er nach kurzer Pause, „wir haben noch viel zu
thun und ich bin deshalb heute ein wenig früher
als gewöhnlich gekommen.“

„O ja, Herr Plessen“, sagte Else, und ihr ganzes
Gesicht glühte dabei, „Papa ist sogar schon ausgegangen,
um mit ein paar Gesellen zu reden, die vielleicht wie=
der Arbeit nehmen wollen. Wollen Sie nicht eintreten.
Papa läßt Ihnen sagen, Sie möchten so gut sein und
einen Augenblick warten.“

Thiobolf vergaß fast zu antworten, so versunken
war er im Anschauen des holden Kindes, das, wie vom
Rosenduft überhaucht, und doch halbverlegen vor ihm
stand.

„Ich wollte Sie, mein liebes Fräulein, eigentlich nicht so früh stören," sagte er endlich, „aber wie ich jetzt sehe, so sind Sie schon völlig angekleidet und haben den übrigen, sogenannten Stadtdamen etwa drei Stunden Tageszeit abgewonnen. In meinem Arbeitszeug passe ich freilich nicht in Ihr hübsches Zimmer."

„Mein Vater ist selber ein Handwerker", erwiderte Elfe, aber mit einem gar so lieben Lächeln, „und ich — weiß recht gut, daß Sie — kein gewöhnlicher Arbeiter sind und Papa nur aus einer Verlegenheit helfen wollen."

„Hat er aus der Schule geschwatzt?" lachte Thiodolf, während er aber doch jetzt der freundlich einladenden Handbewegung Elfe's folgte und in das Zimmer trat; „eigentlich sollte das eine Art von Geheimniß unter uns bleiben, nicht etwa, daß ich mich der Arbeit schämte", setzte der junge Mann aber rasch hinzu, als er sah, daß ihn Elfe wie fragend dabei anschaute, „wahrhaftig nicht, ich bin stolz auf mein Gewerk, es war auch vielleicht nur der Reiz, der in jedem Geheimnißvollen liegt, und dem wir oft gar nicht widerstehen können."

Elfe hatte noch während er sprach von dem schon fertigen Kaffee eine Tasse eingeschenkt und setzte sie ihm jetzt mit Zucker und Sahne vor und es geschah das mit

einer solchen Natürlichkeit, als ob es sich von selbst
verstände, daß Thiodolf die Annahme gar nicht ver=
weigern könnte.

Und wie sauber das zu so früher Stunde schon
in dem kleinen Gemach aussah, und wie sich Else jetzt
auf ihrem Stuhl ans Fenster setzte und das Licht der
Morgensonne auf ihr goldenes, volles Haar fiel, daß
es fast wie ein Heiligenschein um ihre Stirn leuchtete,
da konnte sich der junge Mann nicht erinnern, je ein
schöneres und dabei liebres Wesen gesehen zu haben.
Unverwandt hatte dabei sein Blick auf ihr geruht, was
Elsen freilich nicht entgehen konnte. Das aber brachte
sie nur noch mehr in Verlegenheit; das Gespräch wollte
nicht so rasch in Gang kommen, und sie war froh, als
der Vater bald darauf zurückkehrte, und dann nach kur=
zer Begrüßung mit seinem jungen Freund das Haus
verließ.

Herr van Beeker empfing sie heute wieder an der
Hausthür, geleitete sie diesmal aber nur bis an den
Hof, und stieg dann seine vordere Treppe wieder hin=
auf. Die Leute kannten ja nun schon ihren Weg, und
über Tag besuchte er sie doch verschiedene Male.

Der Meister stieg mit den Lehrlingen ohne Wei=
teres die schmale Stiege hinauf, Thiodolf aber blieb
noch wenige Minuten zurück und untersuchte, jetzt wie=

der ganz mit seinem Plane beschäftigt, rasch die Has=
pen, welche den vor die Thür gelegten Querbalken hielten. Es war, wie er sofort sah, nur nöthig, einen von
ihnen zu lösen, da sich der Balken dann leicht zurück=
biegen und ausheben ließ. Zum Durchziehen zeigte sich
der Gang zu schmal, aber das Eisen konnte auch allem
Anschein nach nicht so tief sitzen, und mit einem lan=
gen Brecheisen, das er sich selber mitgebracht, überzeugte
er sich bald, daß es in wenigen Minuten herauszuheben
wäre.

Gleich hier lag auch noch eine Schütte Stroh, von
dem sie gebraucht, um es als Häcksel unter den Lehm
zu mischen; diese stellte er auf, lehnte sie nachlässig
gegen den untern Haspen, und folgte dann den Ubrigen
an die Arbeit.

Diese förderte heute rasch und Herr van Beeker,
der etwa um elf Uhr herüber kam, um zu sehen, wie
weit sie wären, sprach gegen Meister Behrens seine
volle Befriedigung aus, daß er so wacker Wort gehal=
ten, und frug, ob er mit Allem heute fertig werden
würde?

Meister Behrens zuckte mit den Achseln. „Wir wol=
len sehen“, sagte er, „jedenfalls morgen früh bei guter
Zeit, und vielleicht brauchen wir dann nicht einmal
Alle herzukommen.“

Herr van Beefer hatte sich schon wieder, nachdem er sich vorher in dem Zimmer überall umgesehen, ent= fernt, und bis zum Mittagessen wurde wacker fortge= schafft. Kaum aber verließ der Meister das Haus, als Thiodolf die Jungen unter schon bereitem Vorwande nach unten schickte, denn jetzt mußte es sich entscheiden, wie sich Alles gestalten sollte. Versäumte er diesen Moment, so durfte er die ganze Sache als gescheitert betrachten, denn die Gelegenheit kam eben nicht wieder.

Rasch glitt er zu der durch die Leinwand verdeck= ten Thür und sang dort leise als Zeichen sein gestriges Lied: „Nicht verzaget, nicht verzaget, treue Freunde sind Dir nah."

Er sollte auch nicht lange warten; kaum hatte er nur die erste Strophe beendet, da klopfte Jemand da drinnen mit vorsichtigem Finger an die Holzthür und die Stimme von innen flüsterte:

„Bist Du da, Thiodolf, mein Retter?"

„Ich bin hier", flüsterte Thiodolf zurück, indem er die Leinwand, so gut das gehen wollte, zur Seite bog, um die Worte besser zu verstehen. „Beantworten Sie mir eins; werden Sie hier gewaltsam gefangen ge= halten?"

„Ja"

„Und wollen Sie sich mir anvertrauen?"

„Ja, oh so gern."

„Gut, dann seien Sie heute Abend um zehn Uhr zur Flucht bereit, ich hole Sie ab —."

„Aber im andern Zimmer vorn schläft meine Wärterin."

„Können Sie diese Thür öffnen?"

„Nein."

„Ist sie verschlossen?"

„Ich weiß es nicht, aber jedenfalls von außen verriegelt. Ich habe gehört, wie die Riegel vorgeschoben wurden."

Thiodolf versuchte jetzt seine Hand hinter die Leinwand zu zwängen, was ihm auch gelang, und er überzeugte sich dadurch wenigstens, daß die Thür dahinter völlig frei war. Bedenklich blieb allerdings, daß eine Wärterin auf der andern Seite schlafen sollte, denn konnte er die Thür nicht leise öffnen und hörte diese das Geräusch, so machte sie jedenfalls Lärm. Aber selbst diesen schlimmsten Fall angenommen, konnte sie, wenn er Alles früher vorbereitet hatte, doch lange nicht rasch genug Hülfe herbeirufen, um ihre Flucht zu verhindern. Einmal aber erst die Befreite im Wagen, und das ganze Unternehmen war geglückt.

„Warten Sie auf mich heute Abend um zehn Uhr", flüsterte er noch einmal, „ich werde Ihnen ein Zeichen

geben, und wenn Alles sicher ist, antworten Sie. Ha=
ben Sie guten Muth, und jetzt stille, die Burschen kom=
men wieder die Treppe herauf."

Die Jungen kamen allerdings, aber Thiodolf wußte
sie nochmals zu entfernen, denn nachher blieb keine Zeit
mehr, die eigentliche Thür zu untersuchen und das war
jetzt bald geschehen. Die Nägel, welche die Leinwand
hielten, staken nicht etwa im Holz, sondern, an der
rechten Seite wenigstens, nur in der Kalkwand, wo
sie mit leichter Mühe herausgezogen werden konnten.
Die Leinwand war jedenfalls nur hier herübergenagelt,
um die Thür den Augen der Arbeitenden zu verbergen
und sollte nachher wieder geöffnet werden, damit jenes
Zimmer mit diesem verbunden werden konnte.

Vorsichtig hob er die mittleren Nägel heraus, oder
lüftete sie wenigstens und überzeugte sich jetzt, wo di=
Riegel saßen, die nur zurückgeschoben zu werden brauch=
ten. Die Thür zeigte sich ebenfalls verschlossen, wie er
von hier aus deutlich erkennen konnte, denn das Schloß
griff nach alter Art in eine von hier aus eingeschla=
gene Haspe, welche aber leicht mit dem Brecheisen zu he=
ben war, und seiner Sache gewiß, befestigte er die Lein=
wand wieder, daß man von außen keine Veränderung
daran bemerken konnte.

Jetzt kehrte Meister Behrens zurück und die Arbeit

Gerstäcker, Das Hintergebäude.   10

begaun. Erst gegen Abend ober, und nachdem van Bee=
ter noch einmal den Platz besucht hatte ging Thiodolf
hinunter auf den Hof, angeblich um ein Stück ver=
mißtes Werkzeug zu suchen, und benutzte die Gelegen=
heit, die Krampe auszuheben, die den untern Theil des
Balkens hielt. Das war allerdings nicht so leicht, denn
das alte Eisen schien eingeroftet; endlich aber gelang es
ihm doch, sie zu lüften und den Balken herauszuziehen,
dann drückte er mit seinem Meifel das Schloß zurück,
stellte vor diefes den Balken und daran die Stroh=
schütte, und wußte die Bahn jetzt offen für die Nacht.

So zufrieden war er dabei mit dem Vollbrachten,
daß er, als er wieder an seine Arbeit ging, faft un=
willkürlich das alte Lied vor sich hinsummte und da=
bei gar nicht auf den Meister achtete, der herüber und
hinüber schritt und das Ganze überwachte.

„Hallo“, sagte diefer plötzlich, „das ist doch merk=
würdig, jetzt hätte ich darauf geschworen, Herr Plessen,
daß irgend wer hier im Zimmer eben Ihren Vornamen
Thiodolf gerufen. Haben Sie nichts gehört?“

„Ich? Gar nichts,“ sagte der junge Mann, aber
mit absichtlich lauter Stimme, „oder“, setzte er lächelnd
hinzu, „bin ich es vielleicht selber gewesen? Ich habe
die etwas wunderliche Angewohnheit, manchmal, ohne

daß ich es weiß, mit mir selber zu sprechen; unmög=
lich ist es nicht."

„Es war mir, als ob es von dieser Seite käme."

„Das kann doch nicht gut sein."

„Wenn ich abergläubisch wäre, so glaubte ich sel=
ber an die alten Märchen, die sie in der Stadt von
dem Haus erzählen, und daß es hier nicht ganz rich=
tig wäre in den Räumen. Hol' mich Dieser und Jener,
aber unheimlich sieht es aus, und unheimlich wirds
bleiben, selbst wenn die Stube hier hergerichtet ist, die
nur da vorn die beiden kleinen Fenster hat. Wozu
der alte Herr die überhaupt gebrauchen will, möchte ich
wahrhaftig wissen. Aber was geht es uns an, wenn
er die Arbeit eben bezahlt; möglich ja, daß er sie zu
einem luftigen Kartoffelkeller oder einem sonstigen Ge=
laß gebraucht, um Wintervorräthe darin einzulegen."

Behrens horchte in der That noch ein paar Mal
der Richtung zu, von der er, wie es ihm vorkam, den
Ruf gehört, da aber Alles ruhig blieb, achtete er selber
nicht weiter darauf, und erst mit stark einbrechender
Dämmerung verließen die Leute das Haus und ihre
fast beendete Arbeit. Es blieb wenig mehr auf morgen
zu thun, als aufzuräumen und das Geschirr mit fortzu=
nehmen und Behrens dankte auch unterwegs Thiodolf
für seine Hülfe und sagte ihm, daß er sich morgen
10*

früh nicht wieder zu beläftigen brauchte, denn was jeßt noch zu thun fei, könne er felber recht gut mit den Lehrlingen fertig bringen. Diefer aber erklärte beftimmt, bis zum Leßten ausharren zu wollen; er habe einmal fein Wort gegeben und gedenke das auch zu halten. In Wahrheit lag ihm aber felber daran, fich morgen früh wieder in dem Haus zu zeigen, damit kein Verdacht auf ihn fallen und feinem Onkel Unannehmlichkeiten bereiten konnte. Außerdem war er auch felber neu= gierig, wie fich Herr van Beeker benehmen würde, falls er die Flucht feiner Gefangenen fchon bemerkt; war das aber nicht der Fall, dann gelang es ihm vielleicht auch, in früher Morgenftunde die Thür unten wieder von innen zu fchließen und die hinterlaffenen Spuren vollftändig zu verwifchen.

Herr van Beeker hatte fie, wie jeden Abend vor= her, wieder vorn im Haus empfangen, an die Thür begleitet und diefe hinter ihnen gefchloffen.

Thiodolf verbrachte indeß einen peinlichen Abend bei feinem Onkel, denn ein unruhiges Gefühl erfaßte ihn, daß Beeker noch fpät die untern Räume vifitirt haben könnte, wo er dann unfehlbar das Oeffnen der Hinterthür entdecken müffe. Dadurch aber wäre ihm jede Ausficht, in das Haus zu gelangen, genommen wor= den, und es blieb ihnen dann nichts weiter übrig, als den sehr prosaischen Weg einzuschlagen, die Hülfe der Polizei in Anspruch zu nehmen, denn sein Entschluß stand jetzt felsenfest, die unglückliche Gefangene unter jeder Bedingung zu erlösen.

Der Onkel fand ihn entsetzlich einsilbig, aber er schützte Kopfschmerzen vor, und behauptete, die dumpfe Luft heute über Tag in den geschlossenen Räumen, wo er gearbeitet, habe ihn ganz beklommen gemacht und nur noch ein Spaziergang im Freien werde ihm gut thun.

Dazu war das Wetter nun allerdings nicht einladend. Der Himmel hatte sich mit dichten Wolken umzogen, ein recht häßlicher Nordwest heulte um die Dächer und wirbelte das schon stark fallende Laub der Bäume die Straße hinab und der alte Stadtschreiber meinte, Thiodolf könne etwas Vernünftigeres thun, als bei dem Sturm im Freien herumlaufen. Der junge Mann ließ sich aber nicht abhalten und suchte jetzt, Das, was er zu seinem Abenteuer brauchte, schon bei sich versteckt, den Doctor auf, um diesem Bericht zu erstatten und das Weitere mit ihm zu bereden.

Der Doctor hatte indessen auch seine Schuldigkeit gethan. Der Wagen war punkt zehn Uhr nicht an sein Haus, sondern, um keinen Verdacht zu erregen, an eine

bestimmte Ecke in der Nähe der „Krone" bestellt, und da
die Zeit auch jetzt heranrückte, beschlossen Beide, noch
ein Mal in den „Goldenen Löwen" zu gehen, um dort
ein Glas Grog zu trinken und dann ihr Unternehmen
auszuführen.

Neuntes Kapitel.

Die Flucht.

Vom alten Stadthausthurm hatte es vor etwa fünfzehn Minuten zehn Uhr geschlagen, als die beiden jungen Leute die Restauration verließen und in die stürmische Nacht hinausschritten. Das Wetter war nichts weniger als freundlich, aber ihrem Unternehmen desto günstiger, denn jetzt durften sie sicher darauf rechnen, daß sich in dem Gartender „Krone" keine Seele mehr aufhielt und sonst sich auch Niemand mehr auf der Straße zeigte, der nicht, so sehr er konnte, eilte, um rasch nach Hause zu kommen.

Der Wagen hielt auch pünktlich an dem bestimmten Platz, sobald sie aber in Sicht desselben kamen, trennte sich Thiodolf von dem Doctor; der Kutscher brauchte sie nicht zusammen zu sehen, und da Thiodolf genau wußte, wo er ihn zu erwarten hatte, machte er sich an seine immerhin gefährliche Aufgabe, das fremde düstere Haus zu betreten, um sein Befreiungswerk zu versuchen.

Die Angst, die ihn auf dem Wege dahin beschlich, daß er die früher geöffnete Thür vielleicht wieder ver= rammelt fände, zeigte sich aber bald als unnütz. Wie er in den dunklen Schatten des Hollunderbaumes glitt und dabei schon die schweren Tropfen eines beginnen= den kalten Regenschauers fühlte, gab die nur ange= lehnte Thür seinem Druck nach, und mit dem Arm hineingreifend, daß er den Balken fassen und geräusch= los bei Seite lehnen konnte, gelang ihm auch das. Nur die umfallende Schütte Stroh raschelte, aber das Geräusch war vorn im Haus natürlich nicht zu hören.

Jetzt sah er sich im innern Raum und wie ihm das Herz pochte, als er den engen Gang entlang schaute und alle seine Sinne anstrengte, um zu hören, ob irgend ein Lauscher in der Nähe sei und eine Ge= fahr ihm drohe! Aber Alles war todtenstill, die Dienst= leute lagen schon sicher in festem Schlaf, und keinen= falls wäre noch Eines von ihnen in den Hof gekommen, auf dessen Pflaster jetzt der niederpeitschende Regen tönend aufschlug.

Aber er dankte Gott für dieses Unwetter, daß ihn

vollkommen sicher stellte, tastete sich nach der Stelle hinüber, wo er die schmale Treppe wußte und stieg so geräuschlos als möglich deren doch etwas knarrende Stufen empor.

Nur erst oben in dem hier wahrhaft stockdunklen Gang, wo er keine Hand vor Augen sehen konnte, hielt er, zündete die mitgebrachte kleine Blendlaterne an und schritt jetzt, die Hand so vorhaltend, daß ihr Strahl nicht auf die Fenster fiel, rasch zu der Leinwand, welche die Thür verdeckte.

Hier wollte er nun ein Zeichen geben, aber die Gefangene hatte ihn jedenfalls schon mit klopfendem Herzen erwartet und selbst das leise Geräusch da drau= ßen gehört.

„Thiodolf", flüsterte ihre weiche Stimme, und es war dem jungen Mann ein gar so wunderliches Ge= fühl, seinen eigenen Namen gerade von diesem Wesen, von dem er wohl manche Nacht geträumt, das er aber noch nie mit eigenen Augen gesehen, rufen zu hören; aber er verlor keine Zeit mit unnützen Ideen.

„Ist Alles sicher?" flüsterte er zurück.

„Ja."

„Sind Sie bereit?"

„Ja."

Es war nichts weiter nöthig, rasch hatte er die

Nägel ausgehoben, welche die Leinwand hielten; die Thür lag, wenigstens zur Hälfte und genügend weit, offen vor ihm. Mit der Laterne fand er rasch die beiden Riegel, die er zurückschob, und selbst das Schloß bot, obgleich es abgeschnappt war, keine besondere Schwierigkeit. So geräuschlos als möglich zwängte er die eigentliche Zunge zurück, die Gefangene konnte schon die Zeit nicht erwarten und öffnete selber die Thür, und der Strahl der Laterne fiel auf eine schlanke, aber ganz verhüllte Gestalt, während ihm nur aus dem um den Kopf nach Art der Peruanerinnen geschlagenen Tuch ein einziges dunkles Auge anblitzte.

Aber jetzt war keine Zeit zu weiteren Betrachtungen oder Fragen.

„Kommen Sie", flüsterte er ihr zu, und reichte ihr die Hand, um ihr über die noch unten zugenagelte Leinwand herüberzuhelfen, sagte aber im nächsten Augenblick mahnend, „Sie haben Ihr Gepäck vergessen."

„Wozu Gepäck?" sagte die Befreite, „oh, nur fort von hier."

„Und wollen Sie nicht wenigstens einen Mantel mitnehmen? Die Nacht ist kalt und unfreundlich."

„Fort! fort! oder er kommt!", flüsterte aber die Unglückliche in ihrer Todesangst, jetzt noch in der halb gelungenen Flucht gestört zu werden, „lieber im käl=

teſten Winterſturm, als hier noch eine Nacht in dieſem
Kerker liegen, ob fort.“

Thiodolf ſelber befand ſich in viel zu großer Aufregung, um in dieſen Moment ruhig zu denken. Nur
die Thür zog er wieder an und ſchob die Riegel vor,
ſteckte dann die Leinwand ſo gut das in aller Eile
ging, wieder vor, um von außen kein wenigſtens raſch
ſichtbares Zeichen zu laſſen, und den Arm der Befrei=
ten ergreifend, indem er das Licht der Blendlaterne
auf den Ausgang richtete, führte er ſie zur Treppe
und dieſe herab, löſchte dort das Licht, um ſich nicht
zu verrathen, fand die nur angelehnte Thür, die er
allerdings nicht von außen mehr ſchließen konnte und
fühlte im nächſten Moment ſchon den kalt peitſchenden
Regen in ſeinem Geſicht. Aber die Gefahr, entdeckt
zu werden, lag auch jetzt hinter ihnen; draußen, un=
mittelbar vor der Thür, empfing ſie ſchon mit klopfendem
Herzen Gieſelbrecht, der Wagen ſtand, ſie erwartend,
kaum dreißig Schritt davon entfernt und während der
Doctor jetzt mit der Befreiten dieſem zueilte und ſie
hinein hob, wandte ſich Thiodolf, ein triumphirendes
Lächeln in den Zügen, die Straße hinab, um von
dort noch einmal, aber nicht durch den Garten, in die
„Krone“ einzutreten und ein heißes Glas Grog zu trin=
ken. Er bedurfte erſtlich einmal einer Stärkung nach

der Aufregung, die bis jetzt neben der Kälte seine
Glieder geschüttelt und dann war es vielleicht auch
gut, sich gerade jetzt in dem Local zu zeigen, um spä=
ter jeden möglicheu Verdacht, daß er bei der Ent=
führung betheiligt gewesen sei, von sich abzulenken.

Sonderbar! Noch vor wenigen Tagen war es
sein höchstes Streben gewesen, die jugendliche Gefan=
gene selber hinaus in die Freiheit zu fahren uub er
hatte sich das in seiner Phantasie mit glühenden Far=
ben ausgemalt, heute aber, und wo der entscheidende
Augenblick gekommen, überließ er die Ausführung
seines keck entworfenen Planes ruhig einem Andern
und empfand nicht das geringste Gefühl von Eifer=
sucht dabei. Nur mit einem halb trotzigen Selbstbe=
wußtsein sagte er sich, daß er durchgeführt, was er
begonnen und ein Lächeln glitt dabei über seine
Züge.

Doctor Gieselbrecht' hatte in der' erften Auf=
regung wirklich an gar nichts weiter gedacht, als nur
seine kostbare Beute zu bergen und als der Wagen
jetzt die stille Straße hinabrollte, athmete er tief auf,
als ob eine Centnerlaft von seiner Seele genommen

wäre. So lange sie sich innerhalb der Stadt befan=
den — und der Kutscher wußte genau, wohin er fah=
ren sollte — konnte er sich aber trotzdem eines ängst=
lichen Gefühls noch nicht entschlagen; es war ihm
immer, als ob noch etwas dazwischen kommen müsse
und bald rechts, bald links sah er aus den trüben
Scheiben, gegen die der Regen jetzt anpeitschte, nach
den vorüber fliegenden Gaslaternen hinaus. Aber
diese wurden seltener, jetzt rasselte der Wagen durch
das Thor, über die Promenade und nun befanden sie
sich auf der offenen Chaussee, im Freien, gerettet.

Mit dem Gefühl der Sicherheit, das ihn jetzt er=
faßt, wandte er seine Gedanken wieder der Gegen=
wart zu. Seine Begleiterin konnte er allerdings wegen
der im Wagen lagernden Dunkelheit selbst nicht ein=
mal in ihren Umrissen erkennen, aber es fiel ihm
plötzlich ein, was er bis dahin in seiner Aufregung
gar nicht beachtet, daß er nicht das kleinste Gepäck ge=
sehen. Er erinnerte sich wenigstens nicht, auch nur
das Geringste selber in den Wagen gelegt zu haben
und über den Rücksitz tastend, konnte er ebenfalls dort
nichts fühlen.

„Mein liebes Fräulein", sagte er deshalb — es
war das erste Wort, das er zu ihr sprach — „ent=
schuldigen Sie die Frage, aber wo haben Sie Ihr

Gepäck? Wollen wir es nicht hier herüberlegen, daß es
Sie nicht genirt?"

Die junge Dame kicherte leise vor sich hin. „Ich
habe kein Gepäck", sagte sie, „und nichts mitgenommen,
als nur mein dünnes Tuch; das Frauenzimmer sollte
nicht auch noch sagen können, daß ich sie bestohlen hätte."

„Hm", murmelte der Doctor etwas verlegen vor
sich hin, „war das aber nicht die Discretion ein wenig zu weit getrieben?"

Wieder entstand eine längere Pause, denn die
Dame antwortete nicht, als er aber so still neben ihr
saß, kam es ihm fast so vor, als ob er ihre Zähne
vor Frost zusammenschlagen hörte und er erschrak darüber. Es war in der That kalt geworden, er selber
hatte das aber, in seinen warmen Mantel einge-
wickelt, kaum gefühlt.

„Mein liebes Fräulein", wiederholte er deshalb
besorgt, „frieren Sie? und haben Sie sich etwa nicht gut
verwahrt?" setzte aber schon im nächsten Augenblick, als
er ihre Schulter berührte und dort nichts als ein halb-
nasses dünnes Tuch fühlte, erschreckt hinzu, „um Gottes
Willen, Sie können sich ja in der kalten Nacht auf
den Tod erkälten, denn wir haben fast noch eine
Stunde zu fahren. Führen Sie denn weiter gar nichts
bei sich?"

„Nein", sagte die Unglückliche und brachte vor Zähneklappern die Worte kaum über die Lippen, „ich glaubte nicht, daß es so kalt wäre."

„Dann erlauben Sie nur, daß ich Ihnen meinen Mantel umhängen darf", rief Gieselbrecht gutmüthig aus, indem er rasch aufstand, denselben aus= und dann so gut es gehen wollte um ihre Schultern zog.

Und wie ihm die Hand dabei zitterte, als er die zarte, fast zu zarte Gestalt berührte und dann fest in die wärmenden Falten seines Wintermantels einhüllte.

„Fühlen Sie sich so besser, mein liebes Fräu= lein."

„Ja, viel besser", lautete die Antwort und das Ge= spräch war wieder für lange Zeit abgebrochen; aber es wurde schauerlich kalt. Gieselbrecht drückte sich fest in seine gepolsterte Ecke und knöpfte sich den dünnen Rock, den er trug, bis oben hin zu, aber er konnte sich nicht erwärmen. Er fühlte ordentlich, wie ihm die Kälte langsam durch alle Glieder zog und ihm selber die Zähne anfingen zusammenzuschlagen. End= lich hielt er es nicht mehr länger aus; er war über= haupt mit Rheumatismus geplagt und seine Galan= terie konnte sein Tod sein; aber es gab auch vielleicht noch einen Ausweg. Er stand auf, klopfte an die Scheibe vorn und frug den Kutscher, ob er nicht viel=

leicht eine Pferdedecke habe, die er ihm borgen könne;
weshalb hatte er auch nicht schon lange daran gedacht?
Er ließ vorn die Scheibe herunter, durch welche die
eisigen Tropfen herein schlugen, hatte aber auch dafür
die Genugthuung, das Verlangte hereingereicht zu be=
kommen, zog die Scheibe wieder in die Höhe und
wickelte sich fest in die alte Decke, die ganz entsetzlich
nach Pferden roch, ein.

Gott sei Dank! Das Schlimmste war wenigstens
abgewendet und der Wagen klapperte indessen die alte
ausgefahrene Chaussee entlang; der Kutscher mochte
selber wünschen, aus dem Wetter so rasch als möglich
wieder herauszukommen.

Das Klima eignete sich nicht besonders zur Unter=
haltung. Gieselbrecht hatte sich das früher so hübsch
ausgedacht, unterwegs die Geschichte der Unglücklichen
zu erfahren, um dann gleich in Danneburg energisch
auftreten zu können. Der heutige Abend erwies sich
aber so rauh und unfreundlich, daß er alle Mühe fand,
sich nur nothdürftig zu erwärmen und die ganze Ro=
mantik der Entführung ging dabei verloren.

Die Entfernung zwischen Danneburg und dem
kleinen Städchen, dem sie entgegenfuhren, Boxhausen
mit Namen, mochte vielleicht eine Meile betragen und
konnte recht gut in einer Stunde zurückgelegt werden.

Die Stunde dehnte sich ihm aber zu einer Ewigkeit
aus. Die Romantik hatte all' ihre glänzenden Farben
verloren und er fing an, weniger an seinen Schütz=
ling, als an eine warme Stube und ein heißes Glas
Grog zu denken. Erst nach und nach half ihm die
alte, außerdem feuchte Pferdedecke über den ersten Frost
weg, der aber seine Füße noch lange nicht verlassen hatte.

Regungslos lehnte indessen seine Schutzbefohlene
in ihrer Ecke und schien in dem warmen Mantel das
Wetter, das immer ärger gegen die Scheiben tobte,
gar nicht zu beachten Schlief sie? Es war das nicht
gut denkbar, denn nach jahrelanger Gefangenschaft sich
plötzlich in Freiheit zu fühlen und mit einem vollkom=
men fremden Menschen? Jetzt rührte sie sich; Gie=
selbrecht horchte hoch auf. Weinte sie? Nein, das klang
vielmehr wie ein verstecktes Kichern und zurückgehaltene
Fröhlichkeit; sie summte jetzt sogar ein leises Lied vor
sich hin. Lieber Gott, sie fühlte sich gerettet und das
junge Herz hatte die überstandenen Leiden rasch ver=
gessen.

Jetzt passirten sie einzelne Häuser an der Straße;
in einigen derselben war sogar noch trotz der späten
Stunde Licht. Das mußten die ersten Wohnungen von
Vorhausen sein und ihre kalte Nachtfahrt war bald
überstanden.

Merkwürdig kam es ihm vor, daß das junge
Wesen ihn gar nicht frug, wohin er sie führe. Er
war ihr doch ein vollkommen Fremder und trotzdem
mußte sie das vollste Vertrauen in ihn setzen. In
Nacht und Dunkelheit war sie fortgeführt und ging
einer ungewissen Zukunft entgegen, aber sie äußerte
keine Silbe darüber. Nur das Gefühl ihrer Freiheit
schien sie zu erfüllen; sie kannte noch kein Mißtrauen
gegen Fremde und Gieselbrecht sehnte jetzt den Augen=
blick herbei, wo er das mißhandelte junge Wesen
einem weiblichen Schutz übergeben und das holde An=
gesicht schauen konnte.

Jetzt hatten sie das allerdings sehr mittelmäßige
Pflaster der kleinen Stadt erreicht. Dem Kutscher lag
nun daran, selber so rasch als möglich unter Dach
und Fach zu kommen, denn der Sturm schien noch
lange nicht ausgetobt zu haben und heulte, selbst hier
in der geschlossenen Straße, mit unverminderter Hef=
tigkeit sein melancholisches Lied. Aber der Kutscher
wußte Bescheid. Jetzt bog er rechts in eine Seiten=
straße ein, fuhr darin eine Strecke hin, jetzt wieder
links und hielt dann plötzlich vor einem der anstän=
digeren ziemlich breiten Häuser, wo oben noch mehrere
Stuben erleuchtet waren.

Drinnen im Hause mußten sie auch schon auf den

Wagen gewartet haben, da Gieſelbrecht ſeine Ankunft
ja gemeldet hatte. Wie das Geſchirr nun vor der
Thür hielt, öffnete ſich oben ein Fenſter, irgend wer
ſah heraus, ſchloß es raſch wieder und in dem Hauſe
wurden dann ſchlurrende Schritte laut, denen bald
das Einſetzen des Schlüſſels folgte. Die Thür öffnete
ſich und ein heller Lichtſtrahl fiel heraus.

„Mein liebes Fräulein“, wandte Gieſelbrecht ſich
an ſeine, feſt in den Mantel gehüllte Nachbarin, die
anſcheinend in tiefen Schlaf verſunken ſein mußte,
„wir ſind an Ort und Stelle.“

Keine Antwort; die ſchweren Athmenzüge verrie=
then, daß die junge Dame gar nicht hörte, was ihr
Beſchützer zu ihr ſagte.

„Mein liebes Fräulein!“ rief der Doctor, diesmal
bedeutend lauter; es half nichts, er mußte ihre Schul=
ter ergreifen und ſie ein wenig, wenn auch ganz leiſe,
ſchütteln.

„Ja, ich bin gleich fertig“, erwiderte die Aufge=
weckte, wie aus einem Traum erwachend, raſch, indem
ſie ſich halb emporrichtete, „ich muß nur noch erſt den
Spiegel dort hinüber hängen.“

„Wir ſind an Ort und Stelle“, wiederholte aber
Gieſelbrecht, „und Sie werden jetzt aus Ihrer unange=
nehmen Lage erlöſt und kommen unter weiblichen

11*

Schutz. Bitte, steigen Sie aus. Sie finden da oben jede Bequemlichkeit, die Sie sich wünschen können."

Die Fremde antwortete ihm nicht gleich. Sie war jedenfalls munter geworden, konnte sich aber augenscheinlich nicht besinnen, wo sie sich befand; war ihr doch auch das Alles noch zu neu, vielleicht selbst zu unerwartet gekommen und sie beburfte Minuten, um sich zu sammeln. Indessen war aber auch Jemand mit einer Laterne an den Wagen getreten.

„Bist Du das, Robert?"

„Gewiß, mein alter Junge."

„Alles in Ordnung? Ich habe Deinen Brief bekommn."

„Alles!"

„Schön, dann macht, daß Ihr heraus und in's warme Zimmer kommt, das ist ja heute ein Hundewetter und es scheint eben wieder von Frischem anzufangen. Wo ist Deine Dame?"

Gieselbrecht war rasch aus dem geöffneten Schlag gesprungen, drückte dem Freund die Hand, warf seine Pferdebecke dem Kutscher zu und sagte dann in den Wagen hinein:

„Dürfte ich Sie ersuchen, mein liebes Fräulein, auszusteigen?"

„Sehr schön", erwiderte seine Gefährtin, „aber

ich muß Sie bitten, mich erst in ein Garderobezim=
mer zu führen, meine Toilette wird etwas derangirt
sein."

„Ich bringe Sie zu meiner Frau", sagte der
junge Mann, der sie hier empfangen hatte, herzlich,
„machen Sie sich keine Sorge; es ist überhaupt schon
spät und Sie kommen hier, wenn auch herzlich will=
kommen, zu ganz einfachen Leuten."

Die Dame stieg aus; sie hatte den Mantel noch
immer um sich geschlagen und brauchte ihn auch in
dem wahrhaft verzweifelten Gusse, der jetzt auf die
Erde niederströmte; rasch aber glitt sie, wie sie nur
die offene und erleuchtete Thür bemerkte, in das Haus,
während der Kutscher vom Bock herunter rief: „Wo
soll ich einstellen, denn in dem Wetter kann ich heute
Abend nicht mehr nach Danneburg zurückfahren. Die
Glieder sind mir jetzt schon alle wie erfroren."

„Im Posthorn!" rief ihm der Freund zu, „gleich
hier das dritte Haus rechts — wissen Sie Bescheid?"

„Gewiß!" rief der Kutscher und trieb die Pferde
rasch der bezeichneten Stelle zu.

Die Dame war indessen, von Gieselbrecht gefolgt,
in das Haus gehuscht, wo ihr dieser den schweren Man=
tel abnahm; sie ließ das auch geschehen, wickelte sich
aber wieder fester in das über den Kopf geschlagene

Tuch und nahm auch den Arm nicht an, den ihr der
Doctor bot. Wie ein Reh flog sie die Treppe hinauf,
so daß ihr dieser kaum folgen konnte, und schien erst
dort unschlüssig, wohin sie sich wenden solle. Aber da
öffnete sich die Thür; ein junges, reizendes Frauchen er=
schien auf der Schwelle, und die Fremde entdeckend,
eilte sie mit raschen Schritten auf sie zu, streckte ihr
die Hand entgegen und sagte mit ihrer gar so guten
und milden Stimme:

„Seien Sie uns herzlich willkommen, mein liebes
Fräulein, und nun hinein in die warme Stube, daß
Sie sich erst wieder einmal durchwärmen und von Ihrer
häßlichen kalten Fahrt erholen können."

Die Fremde reichte ihr die verlangte Hand, schien die
Worte aber kaum zu hören, sondern schaute nur neugierig
in das geöffnete und hell erleuchtete, durchwärmte Zim=
mer hinein. Dann schüttelte sie, wie über irgend etwas er=
staunt, den Kopf, und heftete dabei fast erschreckt das
eine aus dem Tuch hervorblitzende Auge auf ihren bisheri=
gen Begleiter. Die junge Frau Förster Selling, wie Sie=
selbrechts Freund hieß, schrieb dieses Zögern aber nur
ihrer Schüchternheit zu, schlang ihren Arm um sie, zog sie
freundlich aus dem zugigen Vorplatz fort in das heller=
leuchtete Gemach und rief nun ihrem Gatten noch zu, das
Gepäck ihres Schützlings in das für sie bestimmte und

ebenfalls durchwärmte Zimmer zu schaffen. Nur eine
Taſſe recht heißen Thee ſollte ſie vor allen Dingen trin=
ken und dann augenblicklich in ihr ſchon mit einer
Wärmflaſche verſehenes Bett, um ſich von ihrer Angſt
und Anſtrengung, wie der kalten Fahrt auszuruhen.

Förſter Selling erfuhr dabei zu ſeinem Erſtaunen,
was ihm Gieſelbrecht raſch zuflüſterte daß ihr Gaſt
gar keine Zeit gehabt habe, auch nur das Geringſte an
Kleidern oder Wäſche mitzunehmen, als was ſie eben auf
dem Körper trug. — Aber was ſchadete das, die Gaſt=
lichkeit der beiden jungen Leute kannte keine Grenzen
und ſeine kleine Frau konnte da ſchon aushelfen, bis
man dieſen Herrn van Beeker zwang, ihr perſönliches
Eigenthum herauszugeben.

Freund Gieſelbrecht hatte ihnen ja, natürlich un=
ter dem Siegel ſtrengſter Verſchwiegenheit, in einem
ausführlichen Brief die ganze Geſchichte geſchrieben,
das junge, hülfloſe Mädchen geſchildert und den Ver=
dacht angedeutet, der hier, ein Verbrechen betreffend,
vorlag. Möglich, daß er dabei auch noch einige
romantiſche Ausſchmückungen angebracht, kurz, die ein=
fache Förſterfamilie war auf das Lebhafteſte intereſſirt
und die Gerettete hätte in keinem andern Hauſe beſſer
untergebracht werden oder willkommener aufgenommen
ſein können, als hier.

Die junge Frau Selling führte ihre Schutzbefohlene rasch und geschäftig in das warme Zimmer und bis dahin ließ sich diese auch noch fast wie willenlos leiten; kaum aber hatte sie den Raum betreten, als sie den Blick rasch darin umherwarf und laut lechend ausrief:

„Aber um Gottes Willen, wie haben Sie denn nur Ihre Meubles gestellt? Das Sopha gehört ja da hinüber und der Lehnstuhl dort an das Fenster — und was ist denn das für ein großer häßlicher Hund? Pfui! willst du hinaus — und Sie haben ja nicht einmal einen Kronleuchter!"

Selling und Gieselbrecht waren unmittelbar nach ihr eingetreten und hatten eben die Thür hinter sich geschlossen, als die Flüchtige das mantillenartige Tuch, das bis jetzt ihr Antlitz versteckt gehalten, zurückwarf und jene, für die Situation jedenfalls sehr wunderlichen Bemerkungen äußerte; aber Beide verstanden keine Silbe von Dem, was sie sagte, oder hörten selbst nur die Worte, denn der Anblick, der sich ihnen bot, machte sie Beide auf ihren Schützling wie auf eine Erscheinung starren.

War das das junge, bildschöne „sylphenduftige" (wie sie Gieselbrecht in seinem Brief genannt) Wesen, das da vor ihnen stand?

Die Dame mochte etwa in den Vierzigen sein,

war sehr mager, schielte etwas anf dem einen Auge und hatte außerdem auf der linken Seite einen fast einen halben Zoll vorstehenden Unterzahn, der sich über die Oberlippe legte. Dabei ging sie außerordentlich decolettirt gekleidet und der obere Rand ihres Kleides war mit kleinen, jetzt freilich durch den schweren Mantel sehr zerdrückten Rosen besetzt. Sie trug überhaupt ein merkwürdig kurzes Kleid, wie man es eigentlich sonst nur an kleinen Mädchen bis höchstens in ihr vierzehntes Jahr sieht, auch in den Haaren zerknitterte Blumen und bunte Glasperlen, und Selling sah unwillkürlich Gieselbrecht verwundert an.

Wenn übrigens Jemand verblüfft drein schaute, so war es der Doctor, der seine Dame anstarrte, als ob es eine Erscheinung, ein Spuk gewesen wäre. Das also waren diese Gazellenaugen, das die Rosenlippen — der Zahn störte entschieden — das war diese üppige Gestalt mit dem bleichen Madonnengesicht, wie sie ihm sein Berichterstatter beschrieben und wie er sie sich nachher noch in seiner Phantasie mit glühenden Farben ausgemalt. Heiland der Welt! Und diese Madonna hatte er entführt. Aber das Erstaunen der beiden Herren sollte noch wachsen, denn dieses unglückliche, in Knechtschaft gehaltene Wesen fuhr, während die junge Frau Försterin vor Staunen und vielleicht auch Schreck

keines Wortes mächtig war, mit vieler Zungengeläu=
figkeit fort:

„Nein, mein Kind, das müssen Sie Alles ganz
anders einrichten. Lassen Sie einmal meine beiden
Diener hereinkommen, daß die meine Befehle ausführen,
und dann arrangiren wir das rasch. Auch die Gar=
dinen sind geschmacklos; sie hängen überdies zu weit
herunter und werden das Zimmer über Tag unnöthiger=
weise verdunkeln. Was haben Sie denn um des Him=
mels Willen dort an der Wand für schreckliche Hörner
aufgehangen? Erstlich sieht das abscheulich aus, und
dann kann so ein Ding auch einmal herunterfallen und
ein Kind todtschlagen."

Die Geweihe und Rehbocksgehörne, die dem Zim=
mer als Schmuck dienten, waren des jungen Försters
größter Stolz, denn viele davon hatte er mit eigener
Hand erbeutet, und der Gedanke, sie hinauszuwerfen,
weil sie „abscheulich" aussähen, ging ihm doch über
den Spaß, aber sein Gast nahm seine Aufmerksamkeit
so entschieden in Anspruch, daß er selbst darüber nicht
lange nachdachte. Gieselbrecht hatte ihm von einem
„elfenartigen, jugendlichen" Wesen geschrieben und seine
Theilnahme dafür erweckt, und jetzt stand ein altes,
toll aufgeputztes Frauenzimmer vor ihm, das lauter

Unsinn schwaßte und eher in eine Meßbub, als in seine Häuslichkeit zu passen schien.

Merkwürdig taktvoll benahm sich dabei die junge Frau Försterin, der es natürlich kein Geheimniß bleiben konnte, daß hier nicht Alles in Ordnung sei, die aber trotzdem die eigene, sie beschleichende Angst bezwang und das sonderbare Benehmen der Fremden gar nicht zu beachten schien. Einen Moment ja, hingen ihre Blicke angstvoll an dem erschreckten Gesicht Gieselbrechts, das allerdings Bände sprach, aber rasch auch wandte sie sich wieder ab, der Unglücklichen zu und sagte freundlich:

„Kommen Sie, mein liebes Fräulein, das Alles ordnen wir nachher und nun, bitte, trinken Sie erst eine Tasse heißen Thee, die Ihnen gewiß gut thun wird. Nicht wahr, Sie sind noch recht kalt und durch= froren?“

„Ja“, sagte die Fremde, zusammenschauernd und sich wieder in ihr Tuch hüllend, „aber — ich glaube, es wird spät und ich muß nach Hause.“

„Nach Hause?“

„Ja — zu meinem Schwager.“

„Aber jetzt steht der Thee hier“, sagte Frau Sel= ling herzlich, indem sie ihren Arm ergriff und sie in die warme Sophaecke führte, „setzen Sie sich nur

dahin und wärmen Sie sich erst tüchtig durch; nach=
her legen Sie sich dann schlafen und ruhen sich
ordentlich aus und morgen überlegen wir uns nach=
her, wie wir uns Alles einrichten und was wir thun
wollen."

Zehntes Kapitel.

Die Rückkehr.

Förster Selling hatte schon in den letzten Minuten Gieselbrechts Arm ergriffen und ihn langsam der Thür zugezogen, denn erstlich sah er, daß seine kleine Frau mit der Fremden am besten allein fertig werden würde und dann drängte es ihn auch, sich mit dem Freund, der aber ebenfalls froh war, das Freie zu erreichen, auszusprechen.

„Hör' einmal, Selling", sagte er zu diesem, als er mit ihm die Treppe hinunterstieg, „hast Du Rum oder Arac im Hause und recht heißes Wasser?"

„Ja, mein Junge, das sollst Du gleich haben, komm' nur hier mit in meine Stube und warte da einen Augenblick. Ich will gleich Ordre geben, daß Alles gebracht wird."

Als er zurückkam, fand er Gieselbrecht, der sich inbessen eine Cigarre angezündet hatte, mit raschen Schritten und verschränkten Armen in dem kleinen, echt waidmännisch eingerichteten Gemach auf- und ab- gehen. Er schien in tiefen Gedanken und eben nicht besonderer Laune.

„Es wird Alles gleich kommen", sagte Selling.

„Hör' einmal, Kuno", erwiderte aber der Freund, seinen eigenen Gedanken folgend, „das ist eine ganz verzweifelte Geschichte."

„Die mit der jungen, schönen und elfenähnlichen Dame?" sagte der Förster.

„Das Frauenzimmer ist übergeschnappt!" rief Gie- selbrecht, vor ihm stehen bleibend, „der verdammte alte Bursche in Danneburg hält vielleicht eine geheime Pri- vatirrenanstalt und wir haben eine von seinen Zög- lingen entführt."

„Aber Du hättest Dich auch vorher genau erkun- digen sollen."

„Und habe ich nicht meinen Berichterstatter Mo- nate lang auf die Lauer gelegt?" rief Gieselbrecht hef- tig, „und hat er mir nicht wahre Wunderdinge von der Schönheit des Mädchens erzählt?"

Selling schüttelte mit dem Kopf. „Ich glaube", sagte er, „Dein Berichterstatter bekommt seine Berichte

zeilenweise bezahlt; Du erwähntest einmal früher so
etwas, und hat sich da eine Anzahl Groschen zusam=
mengeschrieben, in der Hoffnung, daß die eigentliche
Wahrheit nie an den Tag käme. Ebenso wie ein Doc=
tor nie seine eigenen Medicinen nimmt, sollte ein Zei=
tungsredacteur auch nie das selber glauben, was in
seinem Blatte steht."

„Aber sie ist doch eingekerkert gehalten!" rief Gie=
selbrecht heftig aus, „das unterliegt gar keinem Zwei=
fel, denn jenen jungen Mann hat sie um Hilfe ange=
rufen, und dieser sie in der Dunkelheit der Nacht und
mit eigener Gefahr befreit."

„Ich begreife das Ganze noch nicht", sagte der
Förster mit dem Kopfe schüttelnd, „aber ich fange fast
an zu glauben, daß irgend wer einen dummen Streich
gemacht hat, wenn ich auch noch nicht sagen kann
wer."

„Und stehst Du einer Bedrängten, die Dich um
Hilfe anspricht, nicht bei?" rief Gieselbrecht.

Der Förster zuckte mit den Achseln. „Man sollte
sich eigentlich immer erst nach den näheren Umständen
erkundigen", sagte er, „denn der Teufel kann manch=
mal sein Spiel haben. Aber da kommt der Grog und
nun vor allen Dingen ein tüchtiges Glas, damit

Du erst wieder einmal warm wirst; mein Käthchen mag sich indessen mit unserer Schutzbefohlenen ein wenig unterhalten und sie zu Bett bringen. Nachher erfahren wir vielleicht etwas Näheres. Da drinnen können wir doch jetzt nichts mehr nützen."

Eine halbe Stunde verging übrigens noch, ohne daß sie oben die Thür gehört hätten, und so lebendig sich der Doctor eigentlich diesen Abend nach gelunge= ner Flucht ausgemalt hatte, so schweigsam war er jetzt geworden, und trank ein Glas Grog nach dem andern. Allerdings fühlte er sich davon noch fest überzeugt, daß Herr van Beeker schmählich an dem unglücklichen Wesen gehandelt, und sie ein gutes Werk in dieser Nacht gethan, aber — anders hatte er sich die Sache doch ebenfalls gedacht, viel anders — viel hübscher, während ein unbestimmter und doch recht unangeneh= mer Verdacht ihn dabei beschlich, daß die Gerettete außerdem eine etwas sehr excentrische Person, und sei= nem Freund Selling mit diesem Besuch nicht einmal ein großer Gefallen geschehen sei.

Jetzt wurden oben Schritte laut; die Frau För= sterin brachte ihren Gast in das für sie bestimmte Schlafzimmer, blieb dort noch kurze Zeit bei ihr und kehrte dann in die Wohnstube zurück, wohin ihr aber ihr Mann und der Doctor rasch folgten, denn Beide

drängte es, Näheres über die Dame, die sich eigentlich
etwas wunderlich eingeführt, zu erfahren.

In der Stube fanden sie die kleine Frau Selling
emsig damit beschäftigt, das Geschirr wieder zusammen=
zustellen, denn Mitternacht war längst vorüber und es
Zeit geworden, zu Bett zu gehen, als aber ihr Mann
eintrat, drehte sie sich nach ihm um und sagte:

„Geht nur nachher leise über den Vorsaal, daß
Ihr sie mir nicht stört. Ich bin froh, daß ich sie zur
Ruhe habe."

„War sie noch so unruhig?" frug der Förster.

„Mein lieber Herr Doctor", sagte die kleine Frau,
sich an diesen wendend, „ich fürchte, Sie haben uns
da, natürlich ohne es selber zu wollen, eine rechte Last
aufgeladen, denn ob noch ein anderer Grund vorlag,
die fremde Dame etwas eingesperrt zu halten, weiß
ich nicht, aber daß sie einfach verrückt ist, darauf gebe
ich Ihnen mein Wort und ich möchte mit ihr keinen
Augenblick allein im Hause bleiben —".

„Aber, beste Frau!"

„Wenn sie sich morgen den nämlichen Aufputz wie=
der aufsteckt", fuhr die kleine Frau fort, „und damit
ans Fenster tritt, dann läuft mir der ganze Ort zu=
sammen, und denke Dir nur, vorhin hat sie hier mitten
in der Stube getanzt und die Kleider dabei gehalten

wie ein kleines Kind. Ich hätte gern gelacht, wenn ich mich nicht zugleich so dabei gefürchtet hätte. Das thut kein gut, Kuno, denn ohne Aufsicht können wir das unglückliche Geschöpf gar nicht lassen."

„Sie muß in der langen Gefangenschaft wahn= sinnig geworden sein", sagte Gieselbrecht, der sich bei diesen Entdeckungen doch nicht ganz behaglich fühlte, „es ist auch kaum anders denkbar."

„Ich weiß es doch nicht", sagte die junge Frau, bedenklich mit dem Kopfe schüttelnd. „Sie spricht fort= während davon, daß sie wieder nach Hause müsse, bei ihr sei es viel hübscher und eleganter und sie hätte auch dort zwei große Spiegel, in denen sie ihren An= zug betrachten könnte."

Der Förster fuhr mit dem Kopf in die Höhe und sprang dann rasch nach der Thür, um hinauszuhorchen. Der Hund, der neben dem Ofen lag, hob ebenfalls knurrend den Kopf und sicherte, denn draußen über dem Vorsaal, in der Stube der Fremden, entstand ein ganz merkwürdiges Gepolter, etwa als ob Jemand mit dem Sopha in dem Zimmer umhergerutscht wäre. Gleich darauf klirrte etwas und die Frau Försterin, um ihr Eigenthum besorgt, sprang, während ihr der Gatte folgte, rasch hinüber. Gieselbrecht aber ging, die Hände fest und fast krampfhaft zusammenreibend,

die Lippen gegeneinander gepreßt, indessen in dem Zim=
mer auf und ab. Was hatte das unselige Frauen=
zimmer nur jetzt schon wieder angefangen? Daß er sich
auch die Finger an der Geschichte verbrennen mußte;
es war zu albern.

Als indessen die junge Frau drüben das Gast=
zimmer öffnete, bot sich ihr ein so peinlicher wie ko=
mischer Anblick, und der Förster, der nur einen Mo=
ment über seine Frau hin hineinschaute, mußte die
Lippen aufeinanderbeißen, daß er nicht laut auflachte,
und drehte sich dann rasch wieder ab, um in die Wohn=
stube zurückzukehren.

Sein Frauchen aber blieb erschreckt auf der Schwelle
stehen und die Hände in blankem Erstaunen zusammen=
schlagend, blickte sie mit dem Ausruf: „Aber, bestes
Fräulein, was um Gottes Willen machen Sie da?“
auf das allerdings wunderliche Schauspiel.

Mitten im Zimmer, im größten Negligée, das
Gesicht vor Anstrengung erglühend, war die Fremde
eben bemüht, das ziemlich schwere Bett mitten in die
Stube zu ziehen, während schon von den übrigen
Meubles fast keines mehr an seiner Stelle stand; Tisch,
Stühle, Waschtisch, Alles schien rebellisch geworden zu
sein, und mit der Bettdecke hatte sie dann eben wohl
die Wassercaraffe heruntergestoßen, deren Inhalt sich

über die Stube ergoß und deren Splitter die bloßen
Füße der Unglücklichen ernstlich bedrohten.

„Aber, mein liebes, bestes Fräulein", rief die junge
erschreckte Frau noch einmal aus, „was haben Sie
nur vor?"

„Das Zimmer hier ist ganz unpraktisch arrangirt",
sagte aber die Dame, die in dem Anzug, die falschen
Blumen und den unechten Schmuck noch immer in den
jetzt wirren Haaren, wahrhaft unheimlich aussah, „ich
bringe eben ein wenig Ordnung hinein, ich bin zu sehr
an Ordnung gewöhnt, es ist mein Lebensberuf, und
dann warte ich auch noch auf die Kammerjungfer,
denn ich bin müde und möchte zu Bette gehen."

Dabei rückte sie noch immer an dem Bett und
betrachtete es dann prüfend, ob es endlich so recht
stände.

„Aber es muß gleich ein Uhr sein", rief Frau
Selling, der wirklich die Thränen in den Augen stan=
den, als sie die Verwirrung sah. „Bitte, lassen Sie
mich Ihnen helfen; heute ist doch nichts mehr an der
Sache zu ändern, und nehmen Sie sich nur in Acht,
daß Sie in keine der Glasscherben treten, ich kehre sie
dann alle zusammen. Bitte, legen Sie sich ins Bett.
Morgen stellen wir Alles, wie Sie es wünschen."

„Das verstehen Sie nicht, liebes Kind", sagte die

Fremde ermahnend, „ich kann nicht eher schlafen, bis ich nicht Alles geordnet habe, und hier ist noch viel zu thun."

Die junge Förstersfrau seufzte tief auf, aber sie fühlte auch recht gut, daß hier Vernunftgründe nichts halfen und sie die Aermste eben mußte gewähren lassen Nur den Besen und Wischtücher holte sie herein, fegte die Glasscherben sorgfältig zusammen, wischte die Stube so gut es gehen wollte wieder auf und eilte dann, während die Fremde gar keine Notiz von ihr nahm und noch immer den Stand der Meubles veränderte, zu ihrem Manne hinüber.

Der Förster war, als er vorher zu Gieselbrecht zurückkam, vor diesem stehen geblieben nnd zwar noch immer über die eben gesehene Scene lachend, aber doch mit recht bedenklichem Kopfschütteln sagte er:

„Junge, Junge, Du hast uns da ein hübsches Vergnügen gemacht. Welcher Teufel hat Dich nur ge= plagt, das verrückte alte Frauenzimmer in Wind und Sturm heimlich zu entführen und uns hier in das Nest zu setzen, und was sollen wir jetzt mit ihr an= fangen, denn hier bei uns behalten kann ich sie doch wahrhaftig nicht. Sie stellte mir das ganze Haus auf den Kopf. Laß nur morgen in aller Frühe gleich an=

spannen, pace sie wieder ein und schaffe sie dahin zu=
rück, wo Du sie hergeholt haft."

„Aber, das ist ja gar nicht möglich!" rief Giesel=
brecht verzweifelt aus, „denke nur, wenn ich mit der
unseligen aufgeputzten alten Schachtel in dem kurzen
Kleidchen vor dem Haufe hielte und dort eine zeitlang
warten müßte, ganz Danneburg liefe ja zusammen,
und ich dürfte mich nachher selber nicht mehr auf der
Straße blicken laffen. Außerdem exiftiren da noch ganz
andere eigenthümliche Verhältniffe, die ich Dir vielleicht
später einmal auseinanderfetze."

„Aber hier kann ich sie doch bei Gott nicht be=
halten; meine arme Frau wird schon allein diese Nacht
Noth genug mit ihr haben."

„Nur bis morgen Mittag hab' Geduld, Kuno,
mir zu Liebe", bat Giefelbrecht, „bis dahin verspreche
ich Dir feft, kommt Jemand heraus, um sie abzuholen,
denn ich selber möchte mit der Geschichte doch, wie Du
Dir wohl denken kannft, gern so wenig als möglich
mehr zu thun haben."

„Die ist rein verrückt!" rief in diesem Augenblick
die junge Frau, die rasch wieder ins Zimmer trat,
„denke Dir nur, Kuno, ihr Bett hat sie mitten in die
Stube gezogen, die Kommode steht vor dem Fenster,
die Stühle alle um den Ofen herum, als ob dort Ge=

fellschaft gebeten wäre, und sie will sich auch nicht nie=
derlegen, und hat mir in Aussicht gestellt, mit dem
„Ordnen" des Zimmers noch in den nächsten paar
Stunden nicht fertig zu werden."

Gieselbrecht warf ihr einen verzweifelten Blick zu
„Aber liebste, beste Frau!" rief er mit kläglicher Stimme
aus, „ich konnte ja doch keine Ahnung haben, daß
diese unglückselige —".

„Laß es gut sein, Robert", sagte der Förster,
„das Unglück ist einmal geschehen und muß nun, so
lange es dauert, ertragen werden. Geh' jetzt zu Bett,
Du kennst Deinen alten Schlafplatz, denn heute Abend
ist doch weiter nichts an der Sache zu thun. Geh' Du
auch zu Bett, Schatz —".

„Und wenn sie da drinnen die Lampe umwirft
und das Haus in Brand setzt?" sagte die Frau.

„Sorge Dich nicht", meinte aber Selling, „ich
bleibe munter und werde schon aufpassen und außer=
dem habe ich meine beiden Forstgehülfen dicht bei, also
Unterstützung zur Hand, wenn ich sie ja gebrauchen
sollte."

„Du willst aufbleiben, Kuno?"

„Gewiß, mit einem solchen Gast im Haus dürfen
wir keine Vorsichtsmaßregel versäumen; aber sorge
Dich deshalb nicht, habe so manche lange Nacht draußen

in Froſt und Schnee auf dem Anſtand geſeſſen, und kann es alſo auch hier in der warmen Stube und bei einem Glas Grog, denke ich, aushalten."

„Ich leiſte Dir Geſellſchaft, Kuno", ſagte Gieſel= brecht; aber der Förſter lachte.

„Mach Du nur, daß Du zu Bett kommſt; Du kannſt die Augen ſo ſchon nicht mehr ordentlich auf= halten. Ich lege mich morgen früh ein paar Stunden hin und bekomme dann immer noch meinen Schlaf."

Die Nacht verging ohne weitere Zufälle; die fremde Dame rumorte allerdings wohl noch eine volle Stunde in ihrem Zimmer herum, dann endlich wurde Alles ruhig. Selling ſchlich nach einer Weile an die Thür; das Licht brannte noch. Er ging wieder zurück ins Zimmer und wartete wohl eine Stunde, es mußte drei Uhr Morgens ſein, das Licht brannte noch immer. Da öffnete er leiſe die Thür, die Fremde lag feſt in ihre Decke eingehüllt und ſchlief; vorſichtig löſchte er das Licht, glitt wieder hinaus und ſtreckte ſich jetzt, ziemlich feſt überzeugt, daß er nicht weiter geſtört würde, auf dem Sopha aus.

———

Gieſelbrecht ſelber verbrachte die Nacht ſehr un= ruhig. Er war wohl müde, aber er konnte trotzdem nicht ſchlafen, denn die Gedanken peinigten ihn, und mit dem erſten Morgengrauen, wie er nur unten Leben im Hauſe hörte, war er ſchon auf und in ſeinen Klei= dern, um ſo raſch als möglich nach Danneburg zurück= zufahren. Ihm lag jeßt nur daran, zu verhüten, daß ſeine Thätigkeit bei der Entführung bekannt wurde, und er quälte ſich umſonſt, zu überdenken, wie das möglich ſei, da ihn der Kutſcher ja kannte, und etwas Derartiges in einem ſo kleinen Neſt eben kein Geheim= niß bleiben konnte.

Im Hauſe waren bis jeßt nur die Forſtgehülfen munter, aber er dachte auch gar nicht daran, das Er= wachen ſeines Freundes abzuwarten, ſondern ging ohne Weiteres zu dem Gaſthaus hinüber, wo ſein Kutſcher die Pferde eingeſtellt hatte, ließ wieder anſpannen und fuhr eine halbe Stunde ſpäter, in die Wagenecke zu= rückgedrängt, was die Pferde laufen konnten gen Danne= burg. Gott ſei Dank wenigſtens, daß er ſeinen ſchon geſchriebenen Artikel noch nicht in die Druckerei gegeben hatte. Weiter hätte jeßt nichts gefehlt, und er ſelber ſich dabei auf das Schmählichſte blamirt.

Wie er vor ſeinem Hauſe hielt, und das Wetter war dabei noch genau ſo ſchlecht wie geſtern, drückte er dem Kutſcher zwei Thaler Trinkgeld in die Hand. „Aber Du weißt jeßt Beſcheid", ſagte er ihm da= bei, „Du ſchweigſt über die ganze Fahrt, wie?"

„Nur keine Sorge, Herr Doctor", sagte der Mann
mit einem sein Verständniß kündenden Blinzeln der
Augen, „stumm wie ein Fisch. Junge Dame doch
wohl?" und er lächelte dabei verschmitzt.

„Danke — ja", sagte Gieselbrecht zerstreut und
fuhr so rasch er konnte in sein Zimmer hinauf.

Dort holte er einen Briefbogen vor und schrieb,
aber mit möglichst verstellter Handschrift:

„Verehrter Herr.

„Die Dame, welche Sie suchen, befindet sich in
Boxleben bei Herrn Förster Selling.   Ein Freund."
steckte dann das Blatt in ein Couvert, adressirte es
„Herrn van Beeker hier" — ebenfalls mit auseinan-
dergezogenen Buchstaben, und trug es dann selber in
den Briefkasten an der Post.

Elftes Kapitel.

Unwillkommene Erklärung.

Als Thiodolf des Morgens nach der Arbeit nach Hause kam, konnte es ihm nicht entgehen, daß ihn sein Onkel heute ganz sonderbar, nicht gerade kalt, aber doch feierlich empfing und jedenfalls seine besondere Ursache dazu haben mußte.

„Guten Morgen, Thiodolf", sagte er, während sein Blick dabei scharf und · forschend auf ihm haftete, „dürfte ich Dich bitten, mit in mein Zimmer zu kommen?"

„Guten Morgen, lieber Onkel, aber darf ich nicht erst meine Arbeitskleider ablegen? — Wir sind jetzt fertig und ich brauche sie nicht mehr."

„Ich weiß es", nickte der alte Mann mit dem Kopfe und Thiodolf sah ihn verwundert an, „aber tritt doch nur einen Augenblick herein, ich möchte eine Frage an Dich richten oder Dir vielmehr etwas mittheilen. Nicht wahr, Du hast mit dem Maurermeister Behrens bis jetzt im Hause des Herrn van Beeker gearbeitet?"

„Ja, Onkel", sagte Thiodolf, denn was hätte hier Leugnen geholfen, aber er fühlte doch, wie er ein wenig roth dabei wurde.

„Und hast Du Herrn van Beeker gesehen?"

„Gewiß, er ließ uns selber jeden Morgen ein."

„Und hat er mit Dir gesprochen?"

„Noch kein Wort, die ganzen Tage über."

„Hm", hüstelte der Stadtschreiber, fuhr aber dann nach einer kleinen Pause fort, „Du weißt, was früher und vielleicht auch noch bis in die neuere Zeit über das Haus für alberne Gerüchte im Umlauf waren?"

„Alberne Gerüchte, Onkel, bis jetzt ist wenig=stens das Gegentheil derselben noch nicht bewiesen worden."

„Höre mir zu, Thiodolf, und ich hoffe es Dir wenigstens zu beweisen, wenn ich Dich auch dringend bitte, ja Dir sogar das Versprechen abnehme, mit Nie=mandem hier in Danneburg darüber zu reden."

„Aber, Onkel, Sie spannen meine Neugierde auf das Höchste."

„Es ist eine mehr traurige als wunderbare Ge=

schichte", sagte der Onkel ernst, „und ich hatte mir
eigentlich vorgenommen, mit Niemandem je darüber
zu sprechen; nach den Vorgängen dieser Nacht aber,
und nachdem Dein Name damit in Verbindung ge=
kommen."

„Mein Name, Onkel?"

„Laß es gut sein", wehrte der alte Herr ab, „es
war nur ein falscher Verdacht, den ich mit gutem Gewis=
sen widerlegen konnte. Du kennst Herrn van Beeker.
Vor einer Reihe von Jahren zog er hierher, kaufte sich
das Dir bekannte Haus und lebte still und zurückge=
zogen, eigentlich mit keinem Bewohner von Danneburg
freundschaftlich verkehrend. Damals schon gingen die
Gerüchte, daß er ein reicher Mann sei, der aber dem
Magistrat gegenüber jede Auskunft über sich oder seine
Familie verweigert und - gedroht hätte, in dem Fall,
daß man ihn mit unnöthigen Fragen quäle, seinen
Wohnsitz wo anders aufzuschlagen und sein Geld dort
zu verzehren."

„Und war das nicht der Fall?"

„Gott bewahre. Er hat unserm Magistrat seine
Papiere sämmtlich vorgelegt. Er stammt aus Holland;
schweres Unglück in seiner Familie veranlaßte ihn, spä=
ter sein Vaterland zu verlassen und sich nach Deutsch=
land zu wenden. Der Grund aber, weshalb er abge=

schloffen von der übrigen Welt leben und nicht beläs=
stigt werden wollte, war das Unglück einer Schwester
seiner Frau, die wahnsinnig geworden, während er sich
nicht entschließen konnte, sie in eine für solche Kranke
geeignete Anstalt zu thun. Ich glaube fast, daß ihr die
Familie aus früherer Zeit zu großem Dank verpflichtet
ist, oder wie die Verhältnisse sonst stehen, kurz, er gab
dem Magistrat genügende Beweise, daß er seine geistes=
kranke und schon ziemlich bejahrte Schwägerin in ei=
gener Pflege behalten wolle, und erbat sich dafür nur
die Vergünstigung, sie in der hiesigen Einwohnerliste
nicht aufführen zu müssen, theils wohl, um lästigen
Fragen zu entgehen, theils auch vielleicht wieder aus
Rücksicht für die sehr angesehene Familie selber. Der
Mutter der betreffenden Unglücklichen hatte man näm=
lich den traurigen Zustand derselben verheimlicht, und
sie beweinte sie als eine Todte."

„In der Stadt", sagte Thiodolf doch etwas be=
stürzt, „wurde aber immer von einer jungen und wun=
derschönen Dame gesprochen."

„Ganz geheim konnte das Alles ja nicht gehalten
werden", sagte der Stadtschreiber, mit den Achseln zu=
ckend, „in das Publikum drang natürlich etwas davon
und wurde dann von verrückten Menschen phantastisch
aufgeputzt. Von Folterkammern und anderm Unsinn,

von Jammertönen und dergleichen, die in der Nacht gehört sein sollten, schwaßten sie eine Weile, und der verrückte Doctor Gieselbrecht schrieb sogar eine haarsträubende Novelle über das Haus, die er in seinem Klatschblatt abdrucken wollte, was ihm aber noch zur rechten Zeit gelegt wurde. Die Unglückliche lebte indessen in bester Pflege, aber sorgfälig überwacht, denn wenn auch nur zu Zeiten, so kam doch manchmal der tolle Geist wieder über sie und man durfte sie dann nicht aus den Augen lassen. Worin ihr Wahnsinn eigentlich bestand, kann ich selber nicht genau sagen, aber man brauchte sie nur anzusehen und es stand unverkennbar in ihren Zügen geschrieben."

„Sie haben sie gesehen?" rief Thiodolf rasch und erstaunt aus.

„Gewiß", sagte der alte Herr, „aber ich kann nicht sagen, daß ich eine besondere Freude daran gehabt hätte, denn es war wahrlich kein tröstlicher Anblick. Doch das Alles wollte ich Dir nur sagen, um Dich, da Du doch nun einmal in Danneburg Deinen bleibenden Aufenthalt nicht hast, über das Alles aufzuklären."

„Aber in wie fern konnte mein Name mit dem Allen in Verbindung gebracht werden?" sagte Thiodolf nach einer kurzen Pause.

„Diese Unglückliche", erwiderte der Stadtschreiber,
„ist gestern Nacht entflohen. Ueber Tag waren nur,
als Fremde, die Arbeiter im Haus gewesen: Meister
Behrens, seine zwei Lehrlinge und ein fremder Geselle
und heute Morgen kam der Herr Polizeidirector von
Bosse zu mir, um mir zu sagen —."

„Was? Der Polizeidirector war bei Dir, Onkel?"

„Um mir zu sagen", fuhr der alte Stadtschreiber
fort, „daß Du, Thiodolf, mit in jenem Hause gearbeitet habest und daß Herr van Beeker Dich besonders im
Verdacht habe, bei diesem Fluchtversuch betheiligt gewesen zu sein, da die Flucht selber nur von innen heraus, nie von außen, bewerkstelligt sein konnte."

„Ich, Onkel?" rief Thiodolf jetzt wirklich bestürzt,
denn das Gehörte paßte nicht im Entferntesten zu dem
Bilde, das er sich bis dahin von der ganzen Sache gemacht.

„Beruhige Dich", sagte der Onkel freundlich, „ich
konnte dem Herrn Polizeidirector die bestimmte Ver-
sicherung geben, daß Du unmöglich dabei betheiligt gewesen sein könntest, da Du gestern Abend, wie ich
ganz bestimmt wüßte, schon um dreiviertel elf Uhr in
Deinem Bett gelegen hättest, gerade in der Zeit
aber, wie er meinte, in welcher die Flucht bewerkstelligt
sein müsse."

„Das ist eine sonderbare Geschichte, Onkel", sagte
Thiodolf, während es ihm im Kopfe wirbelte. Wie es
schien, hatte ihn sein alter Onkel auf die unschuldigste
Weise von der Welt von jedem Verdachte rein gewa=
schen, weil er eben seine Betheiligung dabei für un=
möglich hielt; aber jetzt war er dafür auch aufs
Aeußerste gespannt, den Doctor Gieselbrecht zu sprechen.
Was ihm der Onkel erzählt hatte, kam ihm noch im=
mer zu unwahrscheinlich vor. Der Herr Polizeidirector
wünschte nur vielleicht das in der Stadt auszuspren=
gen, damit sich das Publikum, wenn es etwas von
der Flucht der Unglücklichen erfuhr, rasch darüber be=
ruhigte und nicht etwa den Herrn van Beeker selbst
belästigte. Doctor Gieselbrecht konnte ihm aber darüber
die beste und sicherste Auskunft geben, und wie er nur
seine Toilette, heute aber etwas sorgfältiger als sonst
gewöhnlich beendet hatte, eilte er so rasch er konnte in
die Redaction des Danneburger Journals.

Dort fand er Gieselbrecht allerdings vor, aber nicht
wie sonst wohl eifrig mit Arbeiten beschäftigt, sondern
unruhig im Zimmer auf= und abgehend und seine Locken
sahen dabei aus, als ob er mit beiden Händen eine
Zeitlang darin herumgefahren wäre.

„Guten Morgen, Doctor", rief er ihn fröhlich an.
„Nun? — wie ist Alles abgelaufen?"

„Na, Sie haben mir eine schöne Suppe eingebrockt!"
rief ihn aber Gieselbrecht statt jeden andern Grußes
doch mit etwas unterdrückter Stimme an, und schloß
auch dabei die Thür, denn die Leute gingen dort ab
und zu, „an die Nacht will ich denken und wenn ich
Methusalems Alter erreichte."

„Hatten Sie Unglück unterwegs?" frug Thiodolf
besorgt; „es war sehr schlechtes Wetter und der Sturm
heulte hier in der Stadt, als ob er die Ziegel von den
Dächern reißen wollte."

„So? Haben Sie das auch bemerkt?" sagte der
Doctor gereizt, „ich bin bald erfroren, denn ich mußte
dem unglücklichen Geschöpf ja meinen Mantel borgen,
da sie nichts auf der Welt trug, als ein etwas zu kurzes
Ballkleid."

„Ein Ballkleid?" rief Thiodolf verwundert, „bei dem
Wetter?"

„Und sie hätten sie sehen sollen, Plessen, als sie
den Mantel endlich in der warmen Stube abwarf
und in allem Glanz holder Weiblichkeit vor uns
stand —."

„So schön war sie?" rief Thiodolf.

„Ein altes Scheusal!" platzte jetzt der Doctor
heraus, „mit einem Eberzahn vorn, mit schielenden
Augen und aufgetakelt mit Blumen und Flittertand

um das alte Gesicht herum, das man Zahnschmerzen bekam, wenn man sie nur ansah."

„Altes Gesicht?"

„Nun, in den Vierzigen hat sie nicht mehr viel zu suchen."

„Aber, Doctor, was um Gottes Willen haben Sie mir selber nicht Alles von ihrer Jugend und Schönheit erzählt, es sollte ja eine wahre Sylphe —."

„Der verfluchte Bläßchen", sagte der Doctor mit zusammengebissenen Zähnen, „aber ich habe ihn auf den Trab gebracht."

„Bläßchen? Wer ist das?"

„Mein Berichterstatter, der Esel!" sagte Doctor Gieselbrecht. „Weil ich ihn anständig honorirte, wenn er mir etwas Interessantes brachte, hat sich der Lump ganze Geschichten erfunden."

„Aber, was sagte die Dame? War sie dankbar für ihre Befreiung?"

„Was sie war, weiß ich nicht", knurrte der Doctor, „aber desto genauer was sie ist — rein verrückt näm=lich, toll wie ein Märzhase, gekleidet geht sie wie ein Backfisch, und bei meinem Freund, dem Förster, hat sie gestern noch das ganze Haus umgedreht, das Bett in der Stube herumgezogen und, mit Ausnahme des Ofens, Alles von der Stelle gerückt, um angeblich die Meubels

geschmackvoll zu ordnen. Die muß auch eingesperrt
gehalten werden und befände sich am sichersten in einer
Zwangsjacke."

„Ist das Ihr Ernst, Doctor?"

„Meine volle und feste Ueberzeugung."

„Alle Wetter, dann haben wir am Ende einen
dummen Streich gemacht?"

„Das haben wir", bestätigte Gieselbrecht feierlich.

„Und was jetzt? Was fangen wir mit dem un=
glücklichen Wesen an?"

„Gar nichts", entgegnete Gieselbrecht ruhig. „Das
Einzige, was geschehen konnte, ist geschehen. Sobald
ich heute Morgen zurückkam, habe ich an Herrn van
Beeker mit verstellter Handschrift geschrieben, wo er die
Dame finden könne und eine halbe Stunde später ist
er denn auch schon, wie mir mein ausgeschickter Bote
versichert, in seinem Wagen dahin abgegangen."

„Herr van Beeker?" rief Thiodolf erstaunt aus,
„aber der wird denn dort auch erfahren, wer sie dahin
gebracht hat?"

Gieselbrecht schüttelte mit dem Kopf. „Dagegen
ist jede Fürsorge getroffen", sagte er, „der Förster
Selling nennt keine Namen, wie er mir fest versprochen
hat, und wird ihm schon eine Geschichte aufbinden —
dafür ist er ein Jäger."

„Doctor", sagte Thiodolf, sich mit der Hand durch die Haare fahrend. „Das ist eigentlich eine ganz verzweifelte Geschichte. Heute Morgen war der Polizeidirector schon bei meinem Onkel."

„Alle Teufel!" rief der Doctor rasch.

„Diesmal hat mein alter Onkel noch, in seiner Unschuld, ein Alibi für mich eingebracht; wenn aber die Sache weiter getrieben wird?"

„Bah", sagte aber Gieselbrecht mit dem Kopf schüttelnd, „wenn der Polizeidirector selber kommt, ist die Sache nicht gefährlich, sondern das ist eben ein Beweis, daß er Alles unter der Hand abmachen will, sonst hätte er Sie ganz einfach vorgeladen. Nein, sie wollen es augenscheinlich nicht an die große Glocke schlagen und wenn sie jetzt nur den Mund halten, so hören wir gar nichts weiter davon."

„Ich dachte, Sie hätten schon einen Artikel geschrieben und wollten ihn in Ihr Blatt aufnehmen?"

„Ich werde mich hüten", sagte der Doctor, „einmal die Finger verbrannt und nicht wieder, und wenn ich von dieser Nachtfahrt nicht auch noch den Rheumatismus in alle Glieder bekomme, so kann ich Gott auf meinen Knieen danken. Nun aber müssen Sie mir wenigstens erzählen, wie es gestern Abend bei der Entführung zuging, das ist wenigstens interessanter, als meine Nachtfahrt mit der alten Schachtel, an die ich mein ganzes Leben denken werde."

„Ein ander Mal, Doctor", sagte aber Thiodolf, während er nach seiner Uhr sah, „es ist schon halb ein Uhr; um ein Uhr habe ich aber zu einem Diner zugesagt und darf die Zeit nicht versäumen. Also es bleibt dabei — wir Beide wissen von Nichts."

„Keine Silbe — sebstverständlich — ", und dem Doctor zunickend, verließ der junge Architekt das Haus.

———

Zwölftes Kapitel.

Schluß.

Thiodolf wollte eigentlich bei seinem Freund Bomeier vorgehen, um diesen abzuholen, aber schon vor dem Hause besann er sich noch anders. Einmal war es sehr zweifelhaft, in welcher Laune er gerade „Kunigunden" antraf und er hielt es daher für besser, ihm so lange als möglich auszuweichen, und dann konnte er ja auch immer ein paar Minuten zu Meister Behrens gehen und brauchte die Zeit nicht so genau einzuhalten. So drehte er sich denn auf den Hacken herum, und verfolgte nach der andern Richtung seine Bahn.

Unterwegs mußte er die Wohnung des Herrn van Beeker passiren und unwillkürlich fast flog sein Blick dort hinüber, als plötzlich ein Wagen die Straße her-

abrasselte und vor dem Hause hielt. Die Fenster des=
selben waren aber mit seidenen Gardinen verhangen,
so daß sich nicht erkennen ließ, wer darin saß. Der
Kutscher hatte jedoch kaum einmal mit seiner Peitsche
geknallt, als sich auch schon unten das große Thor
mit beiden Flügeln öffnete, der Wagen fuhr hinein,
das Thor schloß sich wieder und still und ruhig lag
aufs Neue die ganze Fronte.

Thiodolf nickte still vor sich hin mit dem Kopfe;
da war Herr van Beeker mit der Entführten zurückge=
kehrt, und wie die Pferde gelaufen sein mußten, zeigte
der Schaum, der auf ihnen lag. Also alle seine Be=
mühungen, seine Tage lange Arbeit, die Gefahr,
der er sich ausgesetzt, umsonst — und doch lächelte er
bei dem Gedanken und schritt leichten Herzens die
Straße entlang, die ihn dem Hause des Maurermeisters
Behrens zuführte. Dieser hatte seinen „neuen Gesellen"
zu Mittag eingeladen, da er, wie er sagte, nach getha=
ner Arbeit auch einmal ein Stündchen mit ihm essen,
trinken und plaudern wollte. Von dem, was ihn bis
dahin beschäftigt, war der romantische Schimmer ab=
gestreift; deshalb hatte es all' sein Interesse verloren
und andere Gedanken erfüllten sein Herz, als er jetzt
des Meisters Hausthür öffnete.

Er war noch etwas vor seiner Zeit gekommen

und fand Elfe allein in der unteren Stube, eben da=
mit beschäftigt, den Tisch zu decken und dabei zu ord=
nen; aber wie freundlich begrüßte sie ihn und wie gut
stand ihr dabei das leise Erröthen, das sich wie ein
lichter Schein über ihre Züge legte.

„Das ist hübsch von Ihnen, Herr Plessen“, sagte
sie, „daß Sie die Essenszeit nicht so pünktlich einhal=
ten, oder gar noch zehn Minuten später kommen, wie
es in der großen Welt Sitte ist, was mir aber nie
gefallen hat. Base Bemeier kommt auch immer so be=
stimmt fünfzehn Minuten nach der bestimmten Zeit, daß
wir uns, wenn sie einmal bei uns zu Mittag ist, schon
immer mit dem Anrichten darnach vorsehen; aber“, setzte
sie dann verstohlen lächelnd hinzu, „ich hätte Sie bei=
nahe gar nicht wieder erkannt. Sie sehen heute ganz
anders aus wie neulich.“

„Sie haben Recht, Fräulein Elfe“, lachte Thiodolf,
„und ich muß Ihnen gestehen, so ungewohnt ich auch
früher in der Arbeitstracht war, so kam ich mir jetzt
doch, wenigstens den ersten Tag, wie halb auf einer
Maskerade vor, aber man gewöhnt sich ja rasch an
Alles, und heute Morgen that es mir fast leid, meinen
Arbeitsanzug ablegen zu müssen. Ich habe ihn aber
sorgfältig in meinen Koffer gepackt, um ihn als An=
denken mitzunehmen.“

„Wollen Sie Danneburg wieder verlassen?" frug Else und sah mit ihrem lieben Gesicht bestürzt zu dem jungen Mann auf.

„Ich muß, liebes Fräulein", sagte dieser wehmü= thig, „denn meine Arbeit beginnt jetzt. Ich habe gestern in der hiesigen Zeitung gelesen, daß eine Concurrenz für einen hiesigen Bau, ein neues Gymnasium, ausge= schrieben ist, und ich fühle die Kraft in mir, da mit einzutreten. Wir müssen ja Alle arbeiten, um im Le= ben fortzukommen und ich selber bin mit Leib und Seele bei meinem ·Beruf."

Else war recht still geworden; sie sah schweigend eine Weile vor sich nieder, endlich sagte sie:

„Und wenn Sie nun den Bau bekämen, dann würden Sie zu uns zurückkehren, nicht wahr, und mit dem Vater zusammen arbeiten?"

Ein leichtes Lächeln flog über Thiodolfs Züge. „Wenn ich einen Wunsch in der Welt habe", rief er bewegt aus, „so ist es der."

Jetzt war es an Else, zu erröthen, aber glücklicher Weise kam jetzt der Vater herein, der seinen jungen Gast herzlich begrüßte, und genau fünfzehn Minuten nach Eins, wie es Else vorhergesagt, trafen auch Bo= meiers ein und Else hatte indeß noch so viel zu thun, um Alles zu ordnen, daß sie kaum fertig werden konnte.

Auch Kunigunde war heute gnädig; sie trug ihr
schwarzseidenes Kleid und dunkelrothe Blumen im Haar
und rauschte herüber und hinüber, während Bomeier
selber seine Zeit abpaßte, des Freundes Arm ergriff
und ihn in eine entfernte Zimmerecke führte.

„Ich habe Dir heute Mittag Deine Photographie
des alten Hintergebäudes zu Deinem Onkel geschickt",
flüsterte er ihm zu, „aber, weißt Du schon, daß heute
Nacht der Teufel da drüben los gewesen ist?"

„Wo?"

„In dem alten Haus."

„In der That?"

„Ein Gehülfe von mir war noch spät in der Restau=
ration der „Krone", als plötzlich ein Kellner herein kam und
erzählte, da drüben zeige sich an allen Orten Licht, und
sie hätten schon geglaubt, es sei dort Feuer ausgebrochen."

„So?" sagte Thiodolf mit der größten Ruhe,
„aber wer weiß, was die Familie hat; vielleicht ist
Jemand krank geworden. Uebrigens, was ich Dir
sagen wollte, ich reise morgen selber wieder ab,
denn ich habe einige Arbeiten auszuführen, die ich
nicht länger aufschieben darf."

„So rasch? — Ich glaubte, Du wolltest den gan=
zen Monat hier bleiben und jetzt so auf einmal willst
Du uns wieder verlassen?"

„Ich komme wahrscheinlich in kurzer Zeit wieder, doch hängt das von Umständen ab, die — ich noch nicht vorherbestimmen kann. Ich sage Dir, Bomeier, es giebt Ahnungen und ich glaube fast, das alte Hintergebäude, das von Anfang an mein Interesse so sehr in Anspruch nahm, ist doch zuletzt für mich bedeutungsvoll geworden."

„Aber in wiefern?"

„Das erzähle ich Dir später, jetzt wird zu Tisch gerufen und ich werde mir meine Dame holen."

„Meine Frau?" sagte Bomeier.

„Die fordert eben Behrens auf, ich werde mich heute an Fräulein Else halten."

Bei Tisch, herrschte ein heiterer ungezwungener Ton und nur Kunigunde war Anfangs noch ein wenig steif und förmlich und warf ihrem Gatten manchmal ernste Blicke zu, wenn er sich, ihrer Meinung nach, von seiner Laune zu sehr hinreißen ließ, aber auch sie wurde endlich gesprächiger und thaute auf.

Nach Tische blieben die Gäste auch noch bis sechs Uhr zusammen und als sich Bomeiers endlich zum Gehen rüsteten, reichte Thiodolf Elsen die Hand und sagte herzlich:

„Mein liebes Fräulein, ich muß diese Gelegenheit leider auch zugleich benutzen, um von Ihnen und von

Ihrem lieben Vater Abschied zu nehmen. Ich reise morgen wieder ab nach meinem Heimathsort."

„Sie wollen wirklich fort?" sagte das junge Mädchen und es lag etwas in dem Ton, das Thiodolf bis ins Herz zuckte.

„Hoffentlich auf nicht lange", flüsterte er ihr zu. „Bewahren Sie mir ein freundliches Andenken bis dahin."

„Halloh, Plessen", sagte der Maurermeister, als auch ihm der junge Mann die Hand zum Abschied reichte, „das ist ja verwünscht schnell gegangen, denn gestern wußten Sie doch noch nichts davon, haben wenigstens keine Silbe erwähnt- und ich bin noch immer in Ihrer Schuld, der Hülfe wegen."

„Vielleicht hol' ich mir meinen Lohn ein anderes Mal", lachte Thiodolf, drückte dem Alten herzlich die Hand und schritt dann mit Bomeiers eine Strecke zusammen die Straße hinab, um ohne Weiteres zu seinem Onkel zurückzukehren.

———

Drei Monate mochten seit dem Tage vergangen sein; der Winter hatte seine weiße Decke über Stadt und Land geworfen, das neue Jahr war eingeläutet worden und das unruhige Menschenvolk hoffte schon wieder auf den freilich noch immer fernen Frühling, wo es die

dumpfigen Zimmer verlassen und unter Blumen und
Blüthen wandeln konnte.

In Danneburg hatte sich indessen nur wenig ver=
ändert; die Welt ging eben ihren regelmäßigen Gang
und das kleine Städtchen schloß sich davon am wenigsten
aus. Thiodolf war nur in stetem Briefwechsel mit dem
Ort geblieben, mit seinem Onkel sowohl als auch mit
dem Maurermeister Behrens, und zwar zu keinem ge=
ringern Zweck, als jener Concurrenzarbeit, der sich der
junge Architekt indeß mit Lust und Liebe hinge=
geben.

Danneburg fing überhaupt an sich zu heben; es
war der Plan im Werk, daß eine Zweigbahn von dort
aus nach der nächsten Eisenbahnstation gebaut werden
sollte, das Terrain in der That auch schon vermessen
worden, und es wurde davon gesprochen, verschiedene
neue Bauten aufzuführen. Thiodolf hatte denn auch
seinen Plan für das Gymnasium eingereicht und die=
ser war, wie ihm Behrens geschrieben, als der beste er=
kannt und angenommen worden. Es würde ihm also
jedenfalls die Ausführung übertragen werden, und er
thäte am Gescheidtesten, wenn er im Lauf des nächsten
Monats einmal herüber käme, da sich so etwas viel
besser mündlich als schriftlich abmache."

Maurermeister Behrens wollte sich eben mit seiner Familie zu Tisch setzen, als es draußen anklopfte.

„Na, wer kommt denn jetzt gerade? — Herein!"

Auf der Schwelle stand Thiodolf und streckte dem Meister lächelnd die Hand entgegen.

„Plessen? wahrhaftig! Das ist gescheidt!" rief der Alte. „Else, noch einen Teller, und nun setzen Sie sich gleich mit her, denn ich habe Hunger."

Else war blutroth geworden, als sie den jungen Gast begrüßte, aber ihre Augen glänzten dabei, und Thiodolf hätte laut aufjubeln mögen vor Glück und Seligkeit, denn der Blick verrieth ihm, daß er nicht ganz vergessen sei. Aber die Einladung, an dem einfachen Mahl Theil zu nehmen, wurde wiederholt, und im Nu saß er mitten zwischen der Familie und lachte und plauderte mit ihnen, als ob er dazu gehöre und gar nicht fort gewesen sei.

„Haben Sie Ihren Freund Bomeier schon besucht?" frug Behrens.

„Ich komme eben erst an", sagte Thiodolf.

„Sie sind wieder bei Ihrem Onkel abgestiegen, wie?"

„Ich sage, ich komme eben erst an und mein Gepäck liegt noch beim Kutscher im „Goldenen Löwen." Ich habe noch kein anderes Haus betreten, als das Ihre."

Er warf den Blick verstohlen nach Else hinüber

und sah, wie ein leichtes glückliches Lächeln über ihre Züge glitt.

„Bravo!" sagte Meister Behrens, „das ist freund= lich von Ihnen, aber darüber wird der alte Stadt= schreiber am Ende böse werden."

„Ich überrasche ihn nachher", lächelte Thiodolf, „und nun, lieber Herr Behrens, wenn Sie jetzt nach Tisch einen Augenblick übrig haben, möchte ich ein paar Worte mit Ihnen auf Ihrem Zimmer reden."

„Gern — aber unser Geschäft drängt nicht so; erst wollen wir doch den Kaffee abwarten."

„Ich möchte Sie gern noch vor dem Kaffee sprechen, es nimmt uns nur wenige Minuten —."

„Wenn Sie wollen, gewiß — kommen Sie nur mit herüber."

Meister Behrens dachte natürlich nicht anders, als daß Plessen über den zu beginnenden Bau mit ihm sprechen wolle, sah aber zu seinem Erstaunen, daß sich der junge Mann in einer ganz merkwürdigen Aufregung befand und Anfangs gar nicht zu wissen schien, wie er beginnen solle.

„Na?" sagte er verwundert, „was haben Sie denn. Sie sehen ja auf einmal so roth aus. Ist etwas vor= gefallen?"

„Meister Behrens", sagte da Thiodolf mit einem,

freilich etwas erzwungenen Lächeln, „Sie — wissen,
daß Sie noch in meiner Schuld sind."

„Oho", lachte Behrens, „brauchen Sie Geld?"

„Das nicht", sagte Thiodolf, „aber — eine Frau."

„Eine Frau?" rief der Meister verwundert, „alle
Wetter, Sie meinen doch nicht —."

„Ich liebe Else", fuhr aber Thiodolf bewegt fort,
„und ich glaube und hoffe, daß mir das liebe Mäd=
chen auch ein wenig gut ist."

„Haben Sie schon mit ihr gesprochen?" frug Beh=
rens und sah ihn scharf an.

„Noch keine Silbe; ich wollte erst die Gewiß=
heit haben, ob Sie mich zum Schwiegersohn mögen.
Ueber meine Vermögensumstände wird Ihnen mein
Onkel genaue Auskunft geben. Ich kann eine Frau er=
nähren und ihre Zukunft sichern; außerdem fange
ich jetzt eigentlich erst ordentlich zu arbeiten an und
habe selber eine Zukunft vor mir."

Der Meister Behrens sah den jungen bildhübschen
Mann, wie er mit geröteten Wangen und blitzenden
Augen vor ihm stand, eine Weile fest und ruhig an,
dann legte sich ein wehmüthiger Ausdruck über sein
ehrlich Gesicht und er sagte leise:

„Und soll ich das Mädel hergeben? Mein ganzes
Leben hängt an ihr."

„Nein, Vater!" rief da Pleffen mit freudeftrahlen=
dem Geficht, „ich ziehe nach Danneburg. Der hiefige
Magiftrat felber hat mir eine ehrenvolle Stellung an=
geboten, und ich bin hergekommen, nicht des Baues
wegen, fondern vorher nur um Ihr, um Elfe's Wort
zu hören; dann fchlage ich ein und wir leben und ar=
beiten mitfammen."

„Dann komm' an mein Herz, Junge!" rief der
alte Mann, während fich feine Augen mit Thränen
füllten, „denn daß Dir das Mädel gut ift, weiß ich.
Ich habs ihr, wie Du fort warft, oft und oft ange=
merkt. Nun geh' aber zu ihr und frag fie felber —
ich will indeffen mit der Mutter fprechen."

An dem Abend des nämlichen Tages aber, ftrah=
lend in Glück und Seligkeit, faßen die Liebenden im
Kreis der Familie beifammen, um die Verlobung ftill
aber herzlich zu feiern. Der alte Stadtfchreiber war na=
türlich mit dazu eingeladen, Bomeier und feine Kunigunde
gleich dageblieben, und glücklichere Menfchen gab es
wohl an dem Abend nicht in ganz Danneburg als
Pleffen und Elfe. Da wurden Luftfchlöffer für die Zu=
kunft aufgebaut, wie fie fich einrichten wollten, und in
die Nähe der Schwiegereltern ziehen und taufend an=
dere Dinge mehr, und der alte Stadtfchreiber ermahnte

dann, nur ja noch nicht zu rasch an die Verbindung zu denken, da noch manche andere vorbereitende Schritte dazu verlangt wurden. Vor allen Dingen mußten die nöthigen Papiere beigebracht werden, dann war es auch nöthig, eine Wohnung zu finden und einzurichten, und wie viele andere Dinge mehr.

„Apropos, Wohnung", sagte der Maurermeister, das van Beeker'sche Haus, wo wir damals zusammen gearbeitet haben, steht jetzt zum Verkauf angezeigt."

„Zieht Herr van Beeker fort von hier?" rief Thiodolf rasch.

„Ja, in den nächsten Tagen. Neulich war ein Todesfall in der Familie; in der Stadt hieß es, seine Schwägerin sei gestorben, eine kranke, ältliche Dame, die schon lange leidend gewesen, und die Niemand bis jetzt gesehen hat. Das Begräbniß fand auch in aller Stille statt; nur jener alte Herr, ein Obermedicinalrath Vondern, der früher öfter hier gewesen war, kam nach Danneburg, und begleitete die Todte mit zu ihrer letzten Ruhestätte. Die Leute wollten auch wissen, daß dem Ganzen ein sehr romantischer Stoff zum Grunde läge, aber, Du lieber Gott, was wird nicht Alles geschwatzt, und man darf nie die Hälfte davon glauben. Merkwürdig ist nur, daß Dr. Gieselbrecht in

14*

seinem Klatschblatt kein Wort von der ganzen Sache erwähnt hat."

Thiobolf hatte still und aufmerksam der kurzen Er=
zählung gelauscht, ohne sie auch nur mit einem einzigen
Wort zu unterbrechen. Jetzt sagte er leise und lang=
sam mit dem Kopf schüttelnd:

„Sonderbar, wie das so manchmal in der Welt
geht, und wie wir unser Schicksal in der Hand zu
haben glauben, während wir in der That nur Maschi=
nen sind, die von einer außer unserm Bereich stehen=
den Kraft geleitet werden. Ich glaubte zum Beispiel
damals durch Dich, mein guter Schwiegerpapa, in das
alte Hintergebäude zu gelangen und wie sich die Sache
jetzt herausstellt, bin ich durch das alte Hintergebäude
in Deine Familie gekommen, und dadurch einer der
glücklichsten Menschen geworden, den die Erde trägt."

„Du wolltest in das alte Hintergebäude gelangen?"
sagte Behrens erstaunt.

„Das ist eine lange Geschichte", lächelte Thiobolf,
„die ich Dir ein andermal ausführlich erzähle; heute,
mein lieber Schwiegerpapa, bin ich viel zu glücklich, um
an irgend etwas Anderes zu denken, als an mein
liebes Bräutchen. Ob ich dessen Besitz nun dem alten
Hintergebäude verdanke oder nicht, bleibt sich gleich,
aber eine frohe Zeit liegt vor uns", fuhr er fort, „und

wenn die alte wunderbare schöne Sage Wahrheit ist, daß uns Allen in der Kindheit von einem gütigen Gott ein Schutzengel beigegeben ward, der uns führt, und erst, wenn wir seiner Hülfe nicht mehr bedürfen, Gestalt annimmt, so habe ich den hier gefunden. Es ist Else, und gesegnet sei die Stunde, die mich zuerst in ihre lieben Augen schauen ließ."

Ende.

Druck von Richard Schmidt in Reudnitz-Leipzig.